¡BIENVENIDOS A
JORDANIA!

Yacimiento de Petra.

Desde la bulliciosa Amán hasta los arrecifes de coral del mar Rojo, el Reino Hachemita ofrece a los aventureros la imagen de un Oriente de ensueño. Jordania concentra, en un área relativamente pequeña, imágenes tan variadas como el exuberante valle del Jordán o los hechizantes y rocosos desiertos de su interior. Puntuado por las emotivas llamadas a la oración del muecín y el eterno ritual beduino del té, el viaje nos transporta a través de sus tesoros arqueológicos y sus bellezas naturales, inmersos en la atmósfera vaporosa de un narguile. Tras impregnarnos de los aromas del *souk* (zoco) de Amán y del espectáculo de su ciudadela encendida por el atardecer, nos detendremos en el corazón de la antigua ciudad de Gerasa, antes de partir a la conquista de los castillos del desierto construidos por los califas omeyas de Damasco. Al oeste, la bíblica Betania le invita a conocer una de las cunas del cristianismo. Después podrá detenerse en el mar Muerto para descubrir la sensación de flotar en sus aguas saladas, antes de dirigirse a la increíble Carretera del Rey, la que recorrió Moisés tras cruzar el Sinaí. El cañón más profundo del país, Wadi Mujib, vertiginoso e inolvidable, es otro de los hitos de este largo recorrido, en el que no puede faltar, por su puesto, la imagen más reconocible del reino, la ciudad nabatea de Petra, el misterioso tesoro de Oriente Próximo. Después, la magia continúa en el fascinante desierto de Wadi Rum, cubierto de dunas de colores irreales. La deliciosa cocina jordana, muy especiada, recibe influencias libanesas, egipcias, turcas e iraquíes, lo que nos recuerda que el país, en un contexto geopolítico tumultuoso, sigue siendo una tierra profundamente hospitalaria.

AF276503

Turistas en el desierto de Wadi Rum.

ÍNDICE

© VISIT JORDAN

Actividades náuticas en Áqaba.

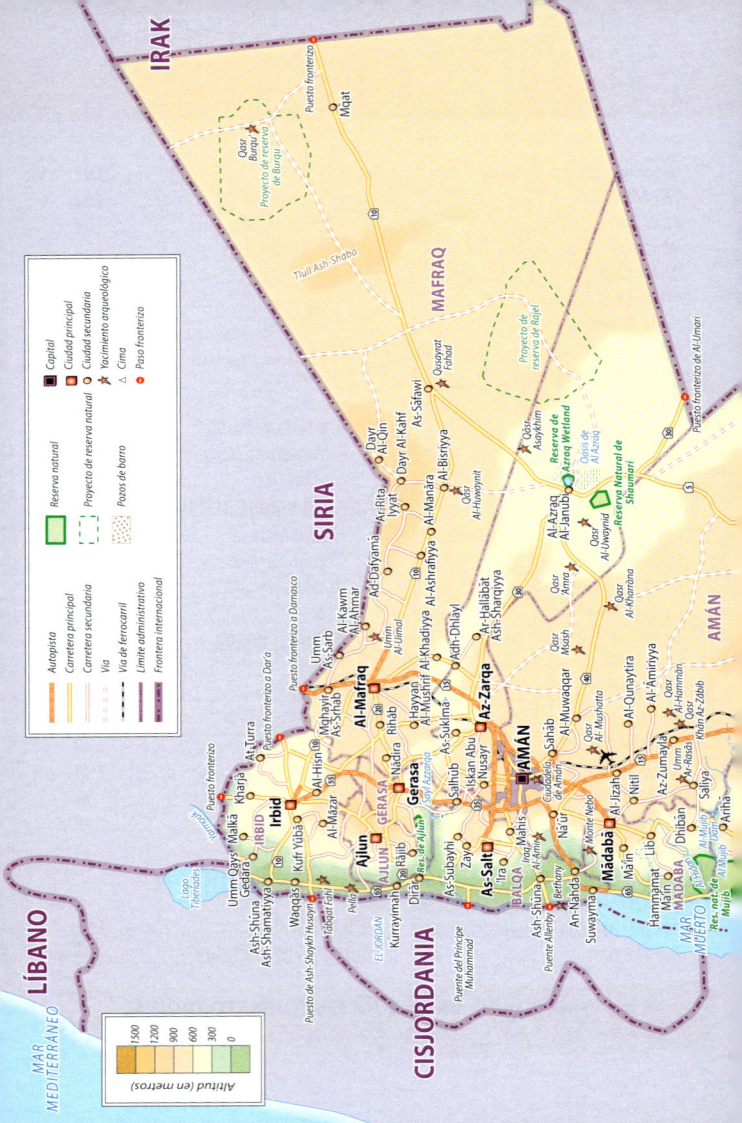

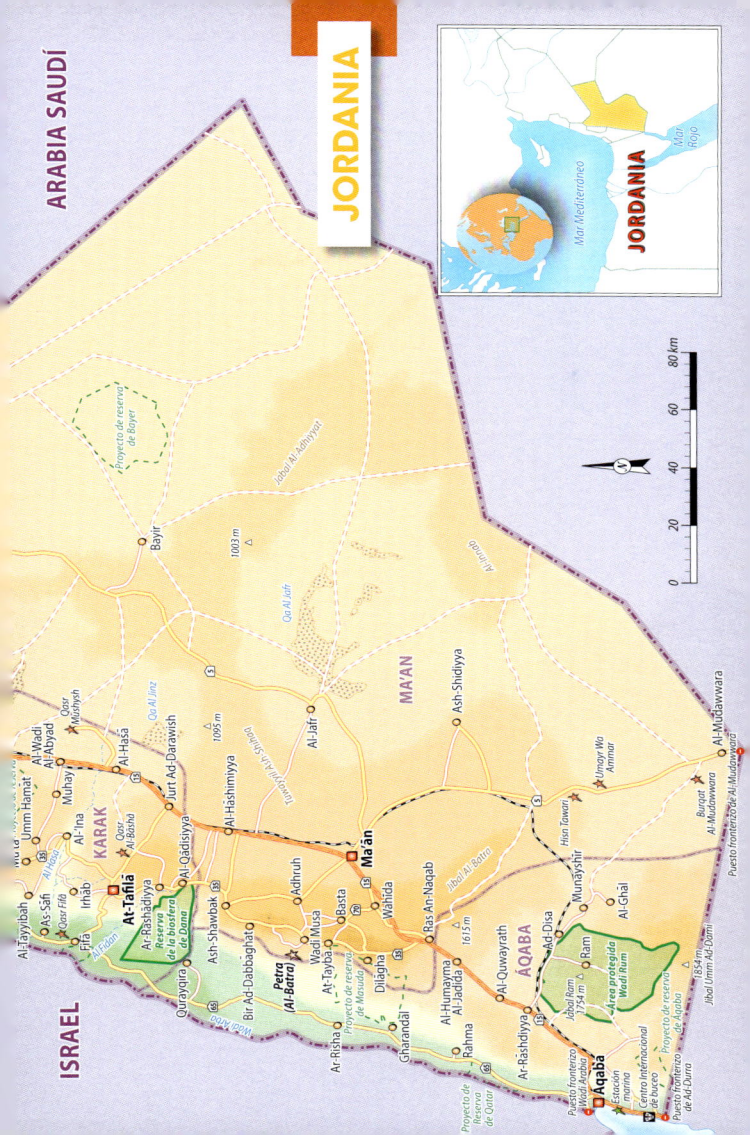

Desierto de Wadi Rum.

DESCUBRE

LO MEJOR DE JORDANIA

Hospitalidad legendaria

Sin duda es el punto fuerte de Jordania. Cuando regrese de su viaje al país jordano y le enseñe las fotos de las vacaciones a sus amigos, se sentirá muy frustrado por no poder *mostrarles* lo que de verdad es el mejor recuerdo de su estancia: la increíble hospitalidad de los jordanos. No se trata de un argumento turístico, sino de una realidad: a menudo le invitarán a tomar el té solo por el placer de intercambiar unas palabras y nunca dudarán en ayudarle en caso de tener cualquier problema. Jordania es también un país sumamente seguro para los turistas. Aquí se aplican las reglas de la hospitalidad árabe: los huéspedes nunca pagan durante los primeros días (insistir en ello sería de mala educación), especialmente las mujeres. De hecho, si las mujeres se sienten demasiado observadas por la calle, siempre las ayudarán con galantería y amabilidad.

Clima agradable

Jordania es un país muy soleado, con un clima muy seco. Es posible visitar los principales lugares durante todo el año, ya que los inviernos son suaves y los veranos soportables. En las regiones de gran altitud (Amán, Dana, Petra) a veces nieva en invierno y los veranos son calurosos, pero la primavera y el otoño son ideales. El valle del Jordán y las orillas del mar Muerto disfrutan de un clima templado y cálido, mientras que Áqaba posee un microclima que permite nadar y bucear bajo el sol invernal.

Un escenario distinto garantizado

La ciudad de Amán es una capital muy oriental, sobre todo el centro de la ciudad. Aquí descubrirá el placer de fumar un narguile o de pasear por los zocos. Al amanecer, la llamada a la oración cuando el sol empieza a iluminar la ciudad es un momento inolvidable. En Wadi Rum, los beduinos le guiarán por su misterioso desierto, le harán conocer el ritual del té, la cría de camellos y sus tradiciones

© ANTON_IVANOV / SHUTTERSTOCK.COM

Templo de Hércules, Amán.

Teatro excavado en la roca en Petra.

ancestrales en torno a una hoguera. Y en el norte, los palestinos, armenios y chechenos, que viven en el país desde hace varias décadas, le invitarán a sus casas para que conozca su propia cultura.

Riqueza histórica

Jordania es un pequeño país en el corazón de la cuna de la humanidad. Recientes excavaciones en Gádara han descubierto un poblado prehistórico de más de 10 000 años, y en el norte destacan las antiguas ciudades de la Decápolis grecorromana. Petra, la ciudad perdida construida por los misteriosos nabateos, ofrece un espectáculo único al visitante, que a buen seguro se sentirá como un explorador en medio de estos templos gigantescos, esculpidos en la roca con mano maestra. La región, conquistada por los bizantinos, posee multitud de iglesias con mosaicos excepcionales. Más tarde, los califas omeyas construyeron palacios y fortalezas medievales en el desierto, como en Ajlun, Karak y Shawbak. Durante siglos, judíos, cristianos y musulmanes han pasado por estas tierras y han dejado su huella en ella.

Amplia oferta turística

Los amantes de las ruinas antiguas tendrán que tomar decisiones difíciles, ya que hay muchos yacimientos históricos que visitar. Petra será, por supuesto, el punto culminante del viaje, pero también está Gádara, Gerasa y Pella. Los aficionados a la religión podrán visitar los lugares bíblicos del valle del Jordán, desde Betania a Pella pasando por Jericó, mientras que los amantes de la relajación, el buceo y la balneoterapia no pueden dejar de visitar los balnearios de Áqaba y el mar Muerto. Los excursionistas no quedarán decepcionados con los paisajes que ofrecen las reservas naturales de Ajlun, Dana, Mujib, ni con la inolvidable experiencia de caminar por las montañas del desierto de Wadi Rum y acampar bajo las estrellas.

FICHA TÉCNICA

LA BANDERA DE JORDANIA

Tiene tres franjas horizontales, de color negro, blanco y verde, y un triángulo rojo en el lado del asta que contiene una estrella blanca de siete puntas. El negro representa el califato abasí, el blanco el califato omeya y el verde el califato fatimí. Por su parte, el triángulo rojo es el símbolo de la Gran Revuelta Árabe de 1916 y la estrella que contiene hace referencia a los siete primeros versos de la al-Fátiha: cada una de sus puntas representa la fe, la humanidad, el nacionalismo, la humildad, la justicia social, la virtud y las aspiraciones. La versión actual de la bandera jordana se atribuye al descendiente de Husáin ibn Ali, Abdalá I (La Meca, 1882-Jerusalén, 1951), primer rey de Jordania. Fue él quien cambió el esquema de colores utilizado desde 1917 por Husáyn, rey de Hiyaz. Los colores utilizados son tradicionalmente los de los países árabes.

En las calles de Amán.

País

▶ **Nombre oficial:** Reino Hachemita de Jordania (Mamlakah al-Urduniyah al-Hashimiyah).

▶ **Capital:** Amán.

▶ **Superficie:** 92 300 km².

▶ **Idioma:** Árabe.

Población

▶ **Número de habitantes:** aproximadamente 11 200 000 habitantes (2023).

▶ **Densidad:** 121 hab/km².

▶ **Tasa de natalidad:** 2,23 ‰.

▶ **Tasa de mortalidad:** 0,34 ‰.

© HAMDAN YOSHIDA – SHUTTERSTOCK.COM

DESCUBRE

Wadi Rum.

▶ **Esperanza de vida:** 76,2 años para los hombres y 77,8 años para las mujeres.

▶ **Tasa de alfabetización:** 96 %.

▶ **Religiones:** musulmanes suníes (92 %), cristianos (6 %), drusos (2 %).

Economía

▶ **Moneda:** dinar jordano.

▶ **PIB:** 48 800 millones de dólares en 2022.

▶ **PIB per cápita:** 4200 USD.

▶ **Tasa de crecimiento:** 2,2 %.

▶ **Tasa de desempleo:** 23,1 %.

▶ **Tasa de inflación:** 4,2 %.

Huso horario

GMT+2. La diferencia horaria es de una hora. Son las 8 de la mañana en Jordania cuando son las 7 de la mañana en Madrid. Jordania cambia de hora en invierno y en verano con pocos días de diferencia con respecto a España.

Clima

El clima jordano se caracteriza por una fuerte insolación, pero varía de una región a otra del país: templado en las colinas, y desértico en el este y en el sur.

▶ **En el sur,** las temperaturas no bajan de los 10 °C y en verano alcanzan los 40 °C.

▶ **En el norte,** el invierno es bastante frío (a menudo menos de 5 °C) y las lluvias pueden ser importantes.

▶ **En el desierto,** el clima se caracteriza por una enorme diferencia térmica entre el día y la noche, y durante todo el año.

Amán											
Enero	Febrero	Marzo	Abril	Mayo	Junio	Julio	Agosto	Sept.	Octubre	Nov.	Dic.
4°/13°	4°/14°	6°/18°	9°/23°	13°/28°	16°/31°	18°/32°	18°/33°	16°/31°	14°/28°	10°/21°	5°/15°

JORDANIA EN 10 PALABRAS

Arak

Se trata de un aguardiente anisado que se consume en Oriente Próximo. Esta bebida alcohólica es sorprendentemente emblemática de la gastronomía jordana, a pesar de que la inmensa mayoría de la población es musulmana y, por tanto, no puede beberla. Consumida tradicionalmente en Jordania, pero también en Líbano y Siria, durante las comidas, es patrimonio de la minoría cristiana (6 % de la población), que la fabrica y la comercializa, porque, de hecho, son propietarios de todos los establecimientos que producen o venden alcohol, ya que los musulmanes tampoco pueden venderlo. Se trata de un aguardiente de uva que tiene entre 40° y 50° de alcohol. Se destila, se aromatiza con anís y se envejece en barriles de arcilla, antes de consumirse con agua y hielo.

Beduinos

La palabra «beduino» procede del árabe *badawi,* que significa «el que vive en el desierto (*badia*)». Los beduinos, que representan el 5 % de la población del país, son quizá la imagen más típica de Jordania y de los países del Oriente Próximo en general. Con su kufiya, el tradicional pañuelo de cuadros rojos y blancos, transmiten la imagen de este pueblo del desierto. La mayoría se han vuelto sedentarios, pero perpetúan sus tradiciones ancestrales, para deleite de los turistas, sobre todo en el Wadi Rum.

Lugar donde fue bautizado Jesús.

Biblia

Jordania es una tierra bíblica en muchos sentidos. Moisés murió en estas tierras tras el éxodo en el desierto. El profeta Elías también vivió aquí. Juan el Bautista bautizó aquí a su primo Jesús. A tan solo dos pasos de la Tierra Prometida, es el segundo país más marcado por la historia del pueblo hebreo y el nacimiento del cristianismo. Sin duda, este sustrato es lo que permite a los cristianos y los musulmanes del país convivir como creyentes de religiones derivadas del Libro sagrado.

Café

Para los jordanos, el café es un importante símbolo cultural de hospitalidad. En la tradición beduina, primero se ofrecen tres rondas de café (una para el alma, otra para la espada y otra en honor del anfitrión), seguidas del té. Al aceptar el café que se le ofrece, usted manifiesta su benevolencia. Si no puede aceptar la invitación, puede declinarla procurando no ofender al anfitrión. Las cafeterías tradicionales son frecuentadas exclusivamente por hombres que juegan a las cartas, toman café o té y fuman narguile.

Agua

Si cuando está sentado en una terraza, un transeúnte señala el vaso de agua frente a usted, respóndale: «¡It fatdal!» («Por favor»), a modo de invitación para que se la beba. El agua es una cuestión crucial para este país, uno de los más secos del planeta, cuya población se duplicará en los próximos veinticinco años. Sus habitantes solo consumen una media de 130 litros al día, frente a los 3000 litros de Estados Unidos. El bombeo de grandes acuíferos freáticos bajo el oasis de Azraq y las soluciones de irrigación en el valle del Jordán para abastecer de agua a Amán han acabado provocando la desecación del oasis y del Jordán y, en consecuencia, también del mar Muerto. Si la agricultura utilizase aguas residuales tratadas y no de regadío, ¡el suministro de agua de Amán aumentaría en un 50 %!

Hachemita

El Reino Hachemita existe desde 1946, pero el origen de la familia real reinante es milenario. Desciende de Hashim ibn Abd Manaf, bisabuelo del profeta Mahoma. Esta ilustre familia fue tradicionalmente la guardiana de La Meca hasta la llegada de los Saúd. Tiene varias ramas y, además de la familia real jordana, los pretendientes al trono iraquí son hachemitas. Esta familia defiende una visión moderna del islam. Los jordanos sienten apego por su monarquía y su rey, aunque su título sea reciente y se haya criado en Estados Unidos.

Djebel

Es una palabra árabe para designar una colina o una montaña. La antigua Amán estaba construida sobre siete colinas, lo que llevó a los historiadores a decir que era la Roma de Oriente. La expansión de la ciudad hace que hoy esté situada sobre casi veinte colinas. El desierto jordano está formado por montañas desérticas en cuyas hondonadas el hombre ha construido magníficos lugares como Petra, o que la naturaleza ha dividido en suntuosos uadis o wadis (valles).

Wadi Mujib.

Jordán

El nombre del río Jordán es el que ha dado la denominación al país y a la distribución de su población entre cisjordanos y transjordanos. Actualmente frontera entre Israel y Jordania, el río nace en Líbano y desemboca en el mar Muerto. Este curso fluvial es un importante elemento religioso, ya que a Moisés no se le permitió cruzarlo y murió en la orilla opuesta de la Tierra Prometida, y Jesús fue bautizado en sus aguas por su primo, Juan el Bautista. Fuente de agua potable poco frecuente en la región, a lo largo de su curso se han desarrollado varias civilizaciones.

Mansaf

Es el plato nacional de Jordania. Se trata de cordero cocinado en leche de cabra fermentada y desecada llamada *jameed*. El más famoso procede de Karak, en la Carretera del Rey. El *mansaf* se sirve con arroz, almendras y piñones. Es patrimonio de la tradición beduina: los nómadas lo preparan sobre todo para las ocasiones especiales, como bodas, nacimientos, en honor de un invitado… ¡Ojo, se come con los dedos! Utilizar un tenedor sería una gruesa incorrección.

Shibriya

La daga tradicional beduina se conoce en Jordania como *shibriya*. Todos los hombres la llevan porque es muy popular, símbolo de virilidad y muy útil en el desierto. La hoja es corta, de unos quince centímetros, curvada y con doble filo, y a menudo grabada con inscripciones. La empuñadura es de cuerno y la vaina de madera, y todo el conjunto está recubierto de metal blanco grabado con diseños geométricos. La vaina también puede estar decorada con medias esferas de cristal de colores. Está equipada con una trabilla para el cinturón y se lleva en la parte trasera.

PINCELADAS SOBRE JORDANIA

Geografía

El actual Reino Hachemita de Jordania toma su nombre del río Jordán, que lo bordea. Tiene una superficie de 92 300 kilómetros cuadrados (una quinta parte de España). El país limita al sur y al este con el vasto reino de Arabia Saudí, al norte con Siria, al noreste con Irak y al oeste con Israel y Cisjordania (una de las dos regiones de Palestina). Áqaba se encuentra en la encrucijada de cuatro países: Jordania, Arabia Saudí, Israel y Egipto.

Relieves y paisajes

Geológicamente, Jordania se encuentra en una zona de divergencia entre las placas continentales de África, Eurasia y el subcontinente indio. La tectónica de placas ha creado fracturas más o menos visibles, de las cuales las más conocidas son el golfo de Áqaba y el mar Muerto, situado a 400 metros bajo el nivel del mar. Y también cicatrices en la historia de la humanidad, como atestiguan los numerosos terremotos (sobre todo en los años 419, 551 y 747), que destruyeron las antiguas ciudades de Jordania y provocaron su abandono, como Petra y Gerasa. De norte a sur y de oeste a este, el relieve está formado por una sucesión de valles (uadis o wadis) y cadenas montañosas tan escarpadas como abruptas, que se van entremezclando entre sí, y finalmente mesetas de estepas casi desérticas que se extienden hasta la frontera iraquí. La Jordania actual puede dividirse en tres regiones principales:

▶ **Al oeste** se extiende el valle del Jordán, el más fértil del reino. Con una orientación norte-sur, se despliega desde el lago Tiberíades (en Israel) hasta el mar Rojo y está cortado por el mar Muerto. Esta zona del país es la más densamente poblada. Los rendimientos de los afluentes del río Jordán y el regadío permiten explotar intensivamente la tierra, tanto para la agricultura como para la extracción de minerales (hierro, cobre, etc.). La gran riqueza de esta zona es sin duda su producción de aceitunas, posible gracias a un clima mediterráneo muy suave.

Lirio negro, símbolo del país.

© IURII KAZAKOV – SHUTTERSTOCK.COM

▶ **Más al este** se extienden las mesetas orientales, cuyas cumbres, que alcanzan alturas superiores a los mil metros, detienen las lluvias procedentes del Mediterráneo. Intersectadas por las gargantas excavadas por los distintos afluentes del Jordán, albergan las principales ciudades del país y el excepcional yacimiento nabateo de Petra.

▶ **El desierto,** por último, cubre más del 80 % de Jordania, principalmente en el este y noreste del país. Este desierto es principalmente rocoso, aunque en Wadi Rum hay unas magníficas dunas de arena roja anaranjada.

Los *djebels* de Jordania

Las cadenas montañosas, o *djebels,* forman parte integrante del paisaje y son el resultado de la convergencia de las placas geológicas. En el centro del país, una larga cadena montañosa domina el paisaje y se extiende desde la frontera siria hasta Áqaba, pasando por Amán y Petra.

▶ **En el norte.** Las montañas están adornadas con bosques y campos de árboles frutales, muy productivos en verano. En invierno, las cumbres se cubren a veces con una fina capa de nieve (por término medio, cada cuatro o cinco años).

Aunque el monte Nebo ofrece una de las vistas más hermosas de la Tierra Prometida, solo se eleva a 830 metros de altitud. Cerca de la capital, los picos superan los mil metros, como el de Yusha (donde está enterrado el profeta Josué), de 1096 metros.

▶ **Hacia el Sur.** Los djebels también ofrecen impresionantes paisajes escarpados, muy áridos y polvorientos,

intercalados con profundos valles (uadi), con arroyos casi secos después de varios siglos. Estos valles albergaron los tres reinos bíblicos del país: Moab, Edom y Amón. Los picos más importantes del reino se encuentran a las afueras de las ciudades de Petra y Áqaba: el monte Tubeiq es el más alto de todos, con 1865 metros.

Clima

El clima varía de una región a otra en todo el país, templado en las colinas y desértico en el este y el sur.

En general es seco, pero puede llover de noviembre a marzo. Las precipitaciones anuales oscilan entre 660 mm en las mesetas y menos de 50 mm en el extremo oriental del país.

▶ **Los veranos** (de mediados de mayo a mediados de septiembre) son calurosos, a veces muy calurosos, sobre todo en los desiertos y alrededor del mar Muerto (el récord actual es de 46 °C). Apenas llueve en verano.

▶ **En contra de la creencia popular, el invierno** es bastante frío en Amán y el norte del país. Las precipitaciones pueden ser elevadas y las temperaturas medias oscilan entre 4 °C (mínima) y 15 °C (máxima), según el año. Incluso puede nevar en el norte (aunque es muy raro).

▶ **La región de Áqaba** disfruta de una refrescante brisa marina en verano y de temperaturas suaves todo el año: incluso puede uno bañarse en invierno. En cuanto a los desiertos, las temperaturas son con frecuencia extremas: muy calurosas durante el día y casi glaciales por la noche.

Órice árabe.

▶ **Se puede visitar Jordania en cualquier época del año.** Sin embargo, las mejores estaciones son el otoño, cuando el clima es suave en todo el país, y la primavera, cuando el paisaje está más verde, aunque suele llover un poco más.

Medio ambiente

El agua es un tema crucial en Jordania. El reino es uno de los países del mundo con mayor escasez del líquido elemento. El estrés hídrico se ve agravado por las necesidades de una población creciente y concentrada en las ciudades, determinadas prácticas agrícolas y el cambio climático.

La escasez de agua conlleva riesgos sanitarios, pero también inseguridad alimentaria. Para hacer frente a esta situación, se han puesto en marcha iniciativas para reciclar las aguas residuales, desarrollar una agricultura resiliente y regenerar los entornos naturales. El desarrollo de energías renovables (solar) podría contribuir a la transición energética del país, muy dependiente de la importación de combustibles fósiles, pero también a un mejor abastecimiento de agua. Un acuerdo firmado en 2021 con Israel podría contribuir a garantizar el suministro de agua potable del reino, mediante un intercambio de la energía solar de Jordania por el agua desalinizada de Israel.

Fauna y flora

Fauna

▶ **Animales silvestres.** La fauna original se ha empobrecido mucho en el último siglo como resultado de la deforestación y la caza abusiva. Muchas especies han desaparecido definitivamente del paisaje jordano.

Es el caso de los asnos salvajes y del gamo, entre otros, exterminados por los cazadores. Aunque todavía existen especies endémicas como el chacal, el orix (una magnífica gacela blanca del desierto que desapareció y luego fue reintroducida; ver el capítulo dedicado a «Azraq»), el jird gordo, el caracal, el íbice, el gerbilino, la gacela, el puercoespín, la liebre del desierto, el zorro árabe rojo, es muy raro verlos.

Es en las reservas naturales donde las posibilidades de observarlos son mayores.

No hace mucho tiempo, el oasis de Azraq era una de esas etapas esenciales para el mundo ornitológico: antes de que el Estado decidiera secar los estanques circundantes, más de un centenar de especies hacían paradas para descansar durante su migración. En la actualidad, aparte de algunos patos silvestres y pelícanos, ya no se ve ninguna. Los aficionados a las aves podrán descubrir muchos pequeños paseriformes desconocidos para los europeos (gorrión del mar Muerto, suimanga palestino, collalba de orejas negras, martín pescador de garganta blanca, pinzón rosa del Sinaí...) y algunas rapaces (buitre leonado, águila perdicera, búho leonado....), a veces simplemente caminando a través de Dana o Petra, o con la ayuda de los guías del RSCN.

Cabe mencionar que la víbora cornuda y la víbora de la arena se han establecido en los desiertos calientes del sur del país. Pero no se preocupe: en primer lugar, no son mortales, y además es muy raro encontrarlas.

Por último, no olvidemos los magníficos peces multicolores: tiburón, pez luna, loro, piedra, escorpión, payaso, tantos nombres que no dejan indiferente, así como los famosos corales del mar Rojo. También debe saber que en las aguas del oasis de Azraq encontrará una especie piscícola única en el mundo: la cynobelia de Azraq.

▶ **Animales domésticos.** Conocido es el dicho de que el perro es el mejor amigo del hombre. En las estepas desérticas, esta misma expresión puede aplicarse al dromedario, un animal que sigue siendo un aliado para los beduinos que viven en zonas remotas, siempre que no lo hayan sustituido por un todoterreno. Podrá verlos principalmente en Wadi Rum y Wadi Araba.

Otra cosa destacable del desierto es que el pastoreo de cabras y de ovejas se sigue practicando activamente.

Flora

La flor nacional es el iris negro. Por lo tanto, no será raro verlos junto a las aproximadamente 2250 especies de plantas (entre ellas la anémona, la flor de muerto y la orquídea de Anatolia) que crecen en todo el país. La reserva natural de Ajlun y las mesetas del rift son lugares privilegiados para disfrutar de su presencia cuando están en plena floración en primavera. Y la reserva de Dana tiene la ventaja de reunir casi todas las especies de la flora local.

Al igual que los países mediterráneos, los valles fértiles de Jordania también albergan cedros, pistacheros, tamariscos, eucaliptos, robles, pinos, enebros y acacias. En cuanto a la agricultura, se cultiva trigo y cebada entre los cereales, y tomates, calabacines y pepinos entre las hortalizas, además de viñedos y olivares, aprovechando el favorable clima suave.

El valle del Jordán, cuna de la civilización humana

Las primeras huellas de ocupación humana en suelo jordano se remontan a hace unos 500 000 años. En aquella época, las orillas del Jordán no eran más que vastas praderas, y los nómadas que poblaban la región vivían de la caza y la pesca. Poco se sabe de este período, aparte de que el terreno no era tan árido como hoy. Durante el Neolítico (a partir del 9000 a. C.), el hombre se hizo sedentario, construyó casas, fabricó nuevas herramientas y desarrolló nuevas técnicas: cultivaba guisantes y lentejas, además de criar cabras. La ciudad de Jericó, en Cisjordania, es una de las más antiguas del mundo, junto con Damasco y Alepo, en Siria. Y en Jordania se han descubierto dos de los poblados más antiguos conocidos del mundo, uno en Beidha, cerca de Petra, y el otro en Ain Ghazal, cerca de Amán. Además de la ganadería y la agricultura, sus habitantes fabricaban cerámica. También habrían practicado una forma de culto ancestral, como indican las pinturas, dibujos y, sobre todo, las esculturas antropomorfas de sofisticados rostros que figuran entre las más antiguas del mundo (casi 10 000 años de antigüedad). En este período también se produjo un gran cambio climático, causado por la finalización de la Edad de Hielo y el calentamiento global: el agua empezó a escasear cada vez más y se instauró un clima desértico.

En la tierra de Canaán

En esa época, Jordania estaba influida por la cultura egipcia. Hacia el año 3000 a. C., una tribu semita, los cananeos, se asentó en el valle del Jordán. Las relaciones entre los aldeanos sedentarios y los nómadas de paso no fueron muy cordiales. Bajo el impulso de los cananeos, se construyeron las primeras fortificaciones. La ciudad tomó forma, con sus murallas y sus consecuentes reglas cívicas. Se construyeron canalizaciones para llevar agua a las viviendas. Estas ciudades fortificadas eran independientes, pero empezó a desarrollarse el comercio, sobre todo con las potencias vecinas (Egipto, Siria, etc.). También cabe señalar que las tumbas se fueron circunscribiendo cada vez más a la práctica de un culto, como demuestran los dólmenes megalíticos. Posteriormente, a finales del milenio II a. C., estas ciudades construidas con tanto esfuerzo fueron abandonadas paulatinamente y comenzaron a aparecer pequeños poblados. Según algunos historiadores, este fenómeno estuvo relacionado probablemente con el cambio climático u otras catástrofes naturales. Otros apuntan a repetidas invasiones. Otra posibilidad que también se ha tenido en cuenta es que, a medida que se fue desarrollando el comercio, algunas ciudades fueran abandonadas en favor de emplazamientos más accesibles. Para los arqueólogos e historiadores, el período que siguió fue una auténtica pesadilla cronológica.

Un nuevo pueblo, los hicsos, gracias a su maestría para el manejo de los caballos, conquistaron parte de Jordania y de Egipto. A continuación, los egipcios se apoderaron de su territorio, construyeron nuevas ciudades y trajeron consigo las influencias de su sofisticada y artística civilización.

Reinos de Amón y Judea

A medida que la influencia egipcia disminuía, a partir del 1200 a. C., tres pequeños reinos paganos se hicieron con el control de la tierra: los amonitas en el noreste (que fundaron la ciudad de Amán), los moabitas en el centro, cerca de Wadi Mujib, y los edomitas al sur del mar Muerto, cerca de Dana. La ruta que bordeaba el mar Muerto era cada vez más transitada, lo que benefició a los pueblos costeros, que vivían en gran parte del comercio. Fue también hacia el 1200 a. C. cuando se produjo el famoso éxodo de los hebreos, obligados a huir del territorio egipcio para liberarse de la esclavitud bajo el reinado de Ramsés II, según narran diversos relatos bíblicos. También explican que Moisés murió en el monte Nebo, antes de poder cruzar el Jordán y entrar en la Tierra Prometida, tras guiar a su pueblo a través del desierto del Sinaí.

Unos siglos más tarde, al otro lado del Jordán, David, rey de Judea, tuvo que deshacerse de los filisteos para convertirse en rey del pueblo hebreo. Se enfrentó a Goliat, un gigante tres veces mayor que él, pero salió victorioso del enfrentamiento (según cuenta la leyenda de David y Goliat) y fundó Jerusalén como sede de su reino. Fue el primero en unificar el reino de Israel. Su hijo y sucesor, Salomón, continuó su obra, reforzando el poder de Jerusalén.

El comercio floreció bajo su reinado. Los reinados de los reyes que sucedieron a Salomón fueron menos notables que los de los fundadores de la monarquía. El reino de Israel se dividió. En el 586 a. C., los babilonios y su rey Nabucodonosor acabaron con la independencia del reino hebreo. Jerusalén fue derrotada y su población deportada en masa a Babilonia, donde fueron reducidos a la esclavitud: este fue el comienzo de un período de exilio que duraría casi cincuenta años. En el 539 a. C., Ciro el Grande, el primer gobernante persa, se apoderó de Babilonia, una importante ciudad de Mesopotamia. Posteriormente, concedió a los judíos exiliados el derecho a regresar a Jerusalén. El territorio de las actuales Jordania y Siria se convirtió en la quinta provincia de su imperio, con Damasco como capital.

Dominación griega

En el 331 a. C., Alejandro Magno, el famoso heredero del trono de Macedonia, emprendió una conquista que provocó la caída del Imperio persa y la creación de un nuevo imperio, uno de los mayores que el mundo había conocido. Cuando Alejandro murió en el 323 a. C., su imperio se dividió entre sus generales, que pronto empezaron a luchar entre sí. Jordania, Palestina y Egipto pasaron a manos del general Ptolomeo, mientras que Seleuco fundó la dinastía seléucida en Babilonia. En el siglo II a. C., los seléucidas se apoderaron de la región e iniciaron el proceso de helenización. Se erigieron decenas de ciudades: Antioquía, Apamea y Seleucia en Siria, y al este del Jordán, Gádara, Gerasa, Pella y Abila. Amán se convirtió en Filadelfia (por Ptolomeo II Filadelfo) y se erigieron numerosos edificios públicos, incluidos templos en honor a los dioses griegos. En esa época, los hebreos aún ocupaban parte de las tierras fértiles del norte de la actual Jordania. En el sur del país, entre el mar Muerto y el extremo septentrional del golfo de Áqaba, los nabateos, una tribu nómada de origen arameo, habían establecido firmemente su poder a finales del siglo V a. C. Construyeron una grandiosa capital, Petra, inspirada en el arte helenístico, pero aún no se ha llegado a descubrir cómo consiguieron esculpir tan finamente esas inmensas montañas. La ciudad controla uno de los puntos más estratégicos de la ruta de las caravanas.

Épocas romana y bizantina

En el año 66 a. C., las conquistas de Pompeyo, limitadas al norte del país, fueron como un preludio de la plena integración de la región en el Imperio romano, cosa que consiguió el emperador Trajano en el año 106 d. C. Jordania vivió entonces cinco siglos de dominación romana y luego bizantina. El fin de la independencia política no mermó en absoluto la prosperidad económica del país. De hecho, este período estuvo marcado por el gran auge de las ciudades de la Decápolis. Tras la conversión al cristianismo que impuso Constantino al Imperio en el año 324, la llegada de los bizantinos a Jordania hacia el 325 supuso la cristianización de sus habitantes. El país se cubrió de santuarios e iglesias con notables mosaicos. Por esas fechas empezaron las peregrinaciones de algunos de esos primeros cristianos a Tierra Santa. A pesar de los constantes esfuerzos de los bizantinos, los valores del islam, transmitidos por Mahoma en la vecina Arabia en el año 622, no tardaron en ganar adeptos en Oriente Próximo y Oriente Medio. El primer conflicto religioso entre ambas comunidades tuvo lugar en Mauta en el 629. Sin embargo, los bizantinos consiguieron repeler a los ejércitos musulmanes. Pero tras la muerte del Profeta en el 632, los musulmanes pronto fueron mayoría en Palestina y Siria. En el 635, ganaron la batalla de Yarmuk, que tuvo lugar en el norte. Esto marcó el fin de la dominación bizantina y cristiana en Jordania, y poco después en Siria. En el 638 tomaron Jerusalén.

Reinado de los omeyas

Poco a poco fue tomando forma una brillante civilización islámica. En el 661, Alí, yerno de Mahoma, cuya legitimidad fue cuestionada por Muawiya, el primer gran caballero omeya, fue asesinado. Este asesinato marcó el inicio de un cisma que aún hoy tiene graves consecuencias para el mundo musulmán. Por un lado, los chiíes, que permanecieron leales a Alí, se opusieron a los suníes, partidarios de los omeyas. La dinastía omeya (661-750), cuya capital era Damasco, dejó un legado de suntuosos edificios en Jordania, Siria, Palestina y el desierto jordano. En Jordania construyó los «castillos del desierto», los palacios de la ciudadela de Amán, el palacio de Hisham en Jericó, la mezquita omeya de Damasco y la Cúpula (o Domo) de la Roca de Jerusalén. Este período supuso también el comienzo de una gran era de conquista dirigida por estos nuevos caballeros, que se extendió desde el oeste de China hasta el sur de España, pasando por los países del Magreb. En el 747, un terrible terremoto dañó gravemente numerosas ciudades de Jordania y Siria, debilitando al pueblo omeya.

Hacia el 750, fueron derrotados por los abasíes, estrechamente vinculados a la familia del profeta, que fundaron su propia dinastía y establecieron su capital en Bagdad. Casi todos los miembros de la familia omeya fueron masacrados. Solo uno, Abderramán, consiguió escapar al norte de África y a España, donde creó el califato de Córdoba, entre el 757 y 1030, con el apoyo de sus seguidores. Los abasíes impusieron un islam más estricto y fueron mucho menos tolerantes con los cristianos que los omeyas: el Santo Sepulcro de Jerusalén fue saqueado en varias ocasiones y la persecución fue generalizada.

Época de las cruzadas

A finales de 1095, el cristianismo era muy influyente en la Europa medieval, y el papa Urbano II decidió defender las rutas de peregrinación a Tierra Santa movilizando tropas para liberar Jerusalén. El Papa prometió también una indulgencia plenaria (perdón de los pecados) a todos los que lucharan con ese propósito. Comenzó la «guerra santa» … Una riada de cruzados se embarcaron en la aventura al grito de «¡Dios lo quiere!». Muchos caballeros participaron en el proyecto, principalmente con una motivación religiosa. Tras dificultades extremas, los cruzados llegaron a Siria y a las inmediaciones de Palestina. Su avance se vio facilitado por las rivalidades en el campo enemigo.

El 15 de julio de 1099, Jerusalén cayó en manos de los cruzados y sus habitantes fueron masacrados. El caballero Godofredo de Bouillon fue proclamado «Defensor del Santo Sepulcro» (en el derecho medieval, el defensor era un laico que administraba las propiedades de un obispo y luchaba en su nombre cuando la situación lo requería). El sistema feudal importado de Europa se impuso en casi todas partes. Se trataba de un sistema de dominación que se extendió desde Siria a Palestina y que permitió a los cruzados controlar las caravanas. Sin

Una antigua ilustración que muestra al califa Omar Ibn al-Jattab.

embargo, los cruzados solo se interesaron por controlar algunos puestos clave en las rutas principales de la región, y para ello construyeron las fortalezas de Karak y Shawbak. Su gran problema, sin embargo, era la falta de mano de obra, ya que en ningún momento se trató de un movimiento de colonización. La mayoría de los guerreros consideraban que habían «cumplido su misión» y regresaban a su patria tras la batalla.

Reconquista de Saladino

En el siglo XII, el sultán sirio Nur al-Din (1116-1174) abogó por la unificación de los musulmanes y luchó contra la presencia de los cruzados. Unificó Siria y envió a un líder militar kurdo, Saladino, a Egipto para apoyar a la dinastía fatimí. Nombrado visir de El Cairo en 1169, Saladino acabó aboliendo el califato chií fatimí en 1171. Tomó entonces el título de sultán y continuó la lucha contra los cruzados. A la muerte de Nur al-Din, Saladino estableció su autoridad sobre Siria. Más tarde, en 1185, decidió relanzar la yihad (guerra santa). En 1187, derrotó a los cruzados en la batalla de los Cuernos de Hattin. Reconquistó Jerusalén, Palestina, Karak y gran parte de Siria. El reino latino de Jerusalén no duró más de doscientos años. En 1191 se emprendió una nueva cruzada, dirigida por Ricardo Corazón de León, para retomar la ciudad, pero no tuvo éxito. Saladino murió después, en 1193, en Damasco. A su muerte, sus descendientes (la dinastía ayubí) desmembraron su imperio, lo que permitió a los cruzados recuperar la posesión de tierras a lo largo de la costa. En 1291, tras los dos fracasos de San Luis de Francia, Occidente desistió definitivamente de seguir con el espíritu de las cruzadas. Los mamelucos de Egipto (una dinastía de esclavos liberados que había derrocado a los ayubíes) pusieron fin a la presencia latina en Oriente con su victoria en San Juan de Acre. Sin embargo, toleraron a judíos y cristianos, y los peregrinos pudieron volver a visitar Tierra Santa. En Jordania, el período mameluco, hasta el siglo XVI, fue testigo, como en el resto de Oriente Próximo, de un tímido resurgir de los pueblos, pero con una pobreza y unas técnicas que hicieron retroceder a estas regiones casi a la Edad del Bronce.

De la dominación otomana a la Primera Guerra Mundial

En 1453, los turcos otomanos se apoderan de Constantinopla, aún bajo dominio bizantino. En 1517, los mamelucos fueron derrotados por el sultán turco Selim I, que se anexionó Anatolia oriental, Siria, Palestina y Egipto. El gran jerife de La Meca reconoció su supremacía y le confió la protección de los lugares santos del islam. El Imperio otomano se extendió entonces desde Constantinopla a El Cairo y desde Bagdad a La Meca, una supremacía que llegaría hasta 1917.

Bajo el reinado del sultán Solimán (conocido en Europa como Solimán el Magnífico), de 1520 a 1566, se reorganizó progresivamente la administración de las provincias anexionadas y se procedió a un censo de la población. El papel del sultán como califa fue generalmente aceptado por los musulmanes suníes y contribuyó a legitimar el poder otomano. Solimán dividió el imperio en 24 provincias (valiato) y nombró un bajá o pachá (valí) para que gobernase cada una de ellas.

Aparte de las rutas establecidas a través del desierto, que simplificaban la peregrinación a La Meca (*hajj*), el territorio de Transjordania tenía poco interés para los otomanos. Lo incluyeron en la provincia de Damasco. En tierras jordanas, hasta 1860 aproximadamente, solo había tribus beduinas y un puñado de pequeñas ciudades, como As-Salt, Karak, Tafila y algunos pueblos aislados.

Del siglo XVII al XIX, el poder turco fue menguando y su situación económica estaba en su punto más bajo. A pesar de los esfuerzos de las autoridades, nada podía impedir que las tribus beduinas saquearan y sembraran el caos en los pueblos. Entre 1830 y 1840, los egipcios ocuparon brevemente Siria y Palestina antes de que los otomanos restauraran su autoridad. El Imperio otomano se fue apagando lentamente y los europeos intentaron apoderarse de partes del territorio (Argelia, Túnez, Marruecos, Suez, etc.). En el siglo XX, los turcos se aliaron con Alemania, que les ayudó a crear infraestructuras militares y civiles para facilitar el transporte de tropas de Siria a Arabia, como la gran línea de ferrocarril del Hiyaz entre Damasco y Medina, que pasaba por Amán, en 1908. En todos los países árabes de Oriente Próximo empezaba a surgir un fuerte sentimiento nacionalista.

La estrategia británica liderada por Lawrence de Arabia

Durante la Primera Guerra Mundial, Siria, Palestina y Transjordania fueron escenario de sangrientos enfrentamientos entre las tropas turcas, aún apoyadas por Alemania, y las británicas, con base en Suez (Egipto) y respaldadas por tribus árabes. Estas últimas luchaban bajo el mando de Faisal ibn Husáyn, hijo del jerife de La Meca, que había tomado la iniciativa del movimiento nacionalista árabe en 1914. Era la época del famoso coronel Thomas Edward Lawrence, más conocido como Lawrence de Arabia, que trabajó para convencer a los árabes de que coordinaran sus esfuerzos en apoyo de los intereses británicos.

En 1917, el ejército de Faisal y Lawrence de Arabia capturaron Áqaba y, un año después, Damasco, donde el emir fundó un gobierno independiente.

Al final de la guerra, el territorio de la futura Transjordania quedó fragmentado en cuatro regiones más o menos autónomas. Pero los árabes estaban decepcionados: para agradecerles su ayuda, se les había prometido la independencia. No sabían que en 1916 los Aliados habían firmado a sus espaldas el Tratado Sykes-Picot, que dividía la región en dos zonas de influencia. Hacia el final de la guerra, Lawrence de Arabia intentó convencer a sus superiores de que la independencia de Arabia redundaba en interés del Reino Unido. A pesar de este último intento de evitar la partición de sus tierras, en 1920 los árabes tuvieron que contemplar impotentes cómo la Sociedad de Naciones confiaba el control de Siria y Líbano a Francia, y el de Transjordania y Palestina (región de fronteras imprecisas, que engloba los actuales estados de Jordania, Israel y Cisjordania) al Reino Unido. El emir Faisal fue expulsado de Damasco.

A esto hay que añadir, según declaraciones de lord Balfour en 1917, que los británicos estaban a favor del establecimiento de un «hogar judío» en Palestina.

Nacimiento de Jordania

Para apaciguar el resentimiento árabe, la Corona británica dejó a Irak en manos de Faisal y permitió que su hermano,

Abdalá, se convirtiera en soberano de Transjordania. Winston Churchill, entonces ministro británico para las Colonias. decidió las fronteras en 1921. Ese mismo año se creó la Legión Árabe, cuyos soldados eran reclutados entre los beduinos, mientras que los oficiales eran británicos.

Abdalá convirtió Amán en su capital y, en 1923, Gran Bretaña reconoció la independencia del Estado (al tiempo que lo ponía bajo su protección), para gran disgusto del pueblo judío, que vio truncado su sueño de crear el «Gran Israel».

El 25 de marzo de 1946, Abdalá fue nombrado rey de Transjordania, y en junio de ese mismo año se adoptó el nombre de Reino Hachemita de Jordania. A partir de entonces, los lazos de dependencia con Inglaterra dejaron de tener validez.

Proclamación del Estado de Israel y guerra árabe-israelí

Durante la Segunda Guerra Mundial, miles de supervivientes judíos acudieron en masa a Palestina a pesar de las cuotas impuestas por los británicos. Al finalizar la guerra, las tensiones entre judíos y árabes se hicieron difíciles de gestionar para los británicos, que decidieron recurrir a la Sociedad de Naciones.

El 29 de noviembre de 1947, la ONU propuso dividir Palestina en dos estados y convertir Jerusalén en zona internacional. Esta propuesta fue rechazada por ambas partes. Las masacres de civiles palestinos organizadas por grupos terroristas judíos y sus represalias en el bando palestino hicieron surgir el fantasma de una guerra civil. Muchos civiles árabes abandonaron sus hogares, alentados por Estados vecinos que les prometieron un

regreso victorioso. Este fue el comienzo de la «diáspora» palestina.

El 14 de mayo de 1948, el Mandato británico llegó a su fin y las tropas abandonaron Palestina. Ese mismo día, David Ben Gourion proclamó en Tel Aviv la independencia del Estado de Israel. El nuevo estado fue reconocido inmediatamente por Estados Unidos, que veía en él el aliado que tanto anhelaba en Oriente Próximo, y por la URSS, que no quería dejar esa gran parte de territorio al enemigo estadounidense en los prolegómenos de la Guerra Fría. Cinco países árabes (Jordania, Egipto, Siria, Líbano e Irak) atacaron inmediatamente al nuevo Estado hebreo. Unos días antes de la proclamación de la independencia del Estado de Israel, Golda Meir (futura primera ministra de Israel) había ido en secreto a Jordania, disfrazada de beduina, para entrevistarse con el rey Abdalá. Sin embargo, su intento de convencerle de que no se uniera a la ofensiva fracasó.

Durante los 38 días que duró el conflicto, los árabes, mal entrenados y divididos, no fueron rival para el sólido ejército israelí, que puedo disponer de un equipamiento de vanguardia proporcionado por los estadounidenses. Israel atacó Egipto y entró en el Néguev.

La Legión Árabe, con sus 10 000 hombres y vehículos blindados, dirigida por oficiales británicos, parecía ser la única capaz de inquietar a los judíos. Se hizo con el control de Cisjordania y Jerusalén Este. El principal objetivo de la Legión Árabe Transjordana era tomar Jerusalén, porque Abdalá tenía sus propias ambiciones: quería anexionarse el mayor número posible de territorios palestinos y fundar la «Gran Siria», que abarcaría Transjordania, Palestina, Siria y Líbano. Contaba con el apoyo de las autoridades británicas, de las que era el último aliado en Oriente Próximo, pero eso precisamente alentó la desconfianza de los demás países de la Liga Árabe, en particular de Siria y Egipto, que parecían más preocupados por oponerse a las ambiciones de Jordania que por luchar por la causa palestina. En febrero de 1949, la ONU impuso un alto el fuego: se firmó un armisticio. A partir de entonces, Jerusalén quedó dividida en dos partes: una occidental, controlada por Israel, y otra oriental (incluida toda la Ciudad Vieja), controlada por Jordania, que también heredó Cisjordania. La Franja de Gaza estaba ocupada por Egipto. Las fronteras resultantes de los acuerdos del alto el fuego se conocerían posteriormente como la «Línea Verde». Ni los palestinos ni los israelíes reconocieron dichas fronteras. Tras la firma de este armisticio, 800 000 judíos se instalaron en Israel entre 1948 y 1952, mientras que al mismo tiempo, por miedo a las represalias, 700 000 palestinos abandonaron el país; sus casas y sus tierras fueron confiscadas. Jordania acogió a un gran número de estos refugiados. El rey aplicó una política activa de asimilación, destinada a integrar a los palestinos, que obtuvieron automáticamente la nacionalidad jordana.

Subida al trono de Huséin

El 24 de abril de 1950, Jordania se anexionó oficialmente Cisjordania (literalmente «orilla izquierda del Jordán»). Esta anexión, junto con la afluencia de refugiados palestinos, duplicó la población del país, que entonces solo contaba con unos 500 000 habitantes. La anexión provocó la violenta oposición de los nacionalistas palestinos: el 20 de julio de 1951, el rey Abdalá fue asesinado en la escalinata de la mezquita de Al-Aqsa de Jerusalén por un refugiado palestino. Talal, su hijo mayor, sucedió a Abdalá en el trono durante solo un año: fue destituido por enfermedad mental. A su vez, este fue sustituido por su hijo Huséin en 1953. El monarca, de 17 años, demostró una gran inteligencia política. Consciente de que las relaciones exteriores eran vitales para el éxito de su tarea como «protector del pueblo», en 1956 destituyó a John Bagot Glubb, jefe del Estado Mayor del ejército jordano, para dejar clara su total independencia de los británicos. También pretendía consolidar su poder tomando el control total de las fuerzas armadas. Decenas de oficiales británicos y sus familias abandonaron el país.

Huséin deseaba, no obstante, preservar sus vínculos con Occidente, en particular con Estados Unidos, pero también con sus vecinos árabes, que veían con malos ojos el establecimiento de una relación demasiado estrecha con Israel. En plena Guerra Fría, Jordania contaba con el apoyo de Occidente, mientras que Siria y Egipto eran aliados de Moscú. Cuando su gobierno, de tendencia nacionalista árabe, propuso una federación con Siria y Egipto y el establecimiento de relaciones diplomáticas con la URSS, Huséin se opuso y destituyó al gobierno, lo que desencadenó un levantamiento popular apoyado por oficiales palestinos del ejército jordano y por Egipto. Sin embargo, el rey consiguió restablecer el orden.

Al año siguiente, Egipto y Siria anunciaron la creación de la República Árabe Unida, que unía a dos países y estaría dirigida por el presidente egipcio Nasser. En respuesta, Irak y Jordania se unieron

© MTJURADO

Antiguos mosaicos en la basílica del mausoleo de Moisés, en el monte Nebo.

para formar la «Unión Árabe de Jordania e Irak», o Federación Hachemita. Sin embargo, esta alianza no duró demasiado, ya que la monarquía iraquí fue derrocada menos de seis meses después. El rey Faisal II fue asesinado. A petición del rey Huséin y ante la amenaza de un golpe de Estado pronasserita, se enviaron fuerzas británicas a Jordania para proteger al régimen.

Creación de la OLP y guerra de los Seis Días

A partir de 1964, Huséin tuvo que enfrentarse a un nuevo movimiento popular palestino: la Organización para la Liberación de Palestina (OLP), una agrupación de resistencia armada que pretendía representar a los palestinos, apoyada por la Liga Árabe. Otro movimiento, Fatah, también denominado Al Fatah, cuyo objetivo declarado era reclamar los territorios usurpados por los colonos judíos, se unió a la OLP en 1968 y se convirtió en su brazo armado. Al Fatah pasó a ser rápidamente la

principal fuerza de la OLP. En 1969, Yasser Arafat, el fundador de la OLP, se convirtió en el enemigo número uno del Estado judío y en un adversario definitivo del rey de Jordania.

Los comandos palestinos fueron incrementando sus operaciones contra Israel usando Siria como base. Finalmente, Huséin retiró su apoyo a la OLP aduciendo que utilizaban territorio jordano como territorio de repliegue, y detuvo a varios de sus miembros.

En 1967, Egipto consiguió que las fuerzas de mantenimiento de la paz de la ONU abandonaran sus posiciones en el Sinaí y en Gaza, establecidas allí desde 1957. Al concentrar sus tropas en la zona, el coronel Nasser decretó el cierre de los estrechos de Tirán, que se abrían al golfo de Áqaba, bloqueando así el acceso de Israel al mar Rojo. Pocos días después, Egipto y Jordania firmaron un pacto de defensa mutua.

Ante la amenaza de guerra, Israel tomó la iniciativa y, el 5 de junio de 1967, destruyó la aviación egipcia sobre el terreno.

Así comenzó la Guerra de los Seis Días, que le costó a Egipto la Franja de Gaza y el Sinaí, a Siria los Altos del Golán y a Jordania Cisjordania. Para Jordania, el coste humano, económico y político fue terrible. El país perdió 10 000 soldados y su flota aérea quedó aniquilada. Además, perdió una importante región, de la que procedía la mayor parte de sus ingresos (provenientes de la agricultura y el turismo), y tuvo que acoger de nuevo una oleada masiva de 300 000 refugiados palestinos. Al mismo tiempo, casi 600 000 judíos que vivían en países árabes (el Magreb en particular) se trasladaron a Israel.

Septiembre negro

A raíz de este conflicto, creció el espíritu de revolución entre los palestinos, que se vieron de nuevo expulsados de su país. Cisjordania fue ocupada por el ejército israelí, y los fedayines (combatientes palestinos) se trasladaron a la orilla oriental del río Jordán, en Jordania, que usaron como base para llevar a cabo sus acciones armadas contra Israel. Aunque en un principio el rey Huséin lo permitió, pronto empezó a ver a estos comandos como un problema, ya que su pretensión era entablar un diálogo con Israel. Las tensiones aumentaron entre todas las partes. Los combatientes palestinos empezaron a recorrer armados las calles de las ciudades jordanas, provocando enfrentamientos con las fuerzas jordanas. En 1970, la mayoría de la población jordana era de origen palestino, y Yasser Arafat hizo un llamamiento para derrocar a la monarquía hachemita: fue el comienzo de una guerra civil entre facciones hachemitas leales y grupos palestinos armados. En junio de 1970, el Frente Popular para la Liberación de Palestina (FPLP), una organización que pertenecía a la OLP, disparó contra el coche del rey Huséin, asaltó dos hoteles en Amán, el Intercontinental y el Filadelfia, y mantuvo como rehenes a varios cientos de civiles, muchos de ellos extranjeros. Y en septiembre de 1970, secuestraron tres aviones (vuelos BOAC Bombay-Roma, Swissair Nueva York-Zúrich y TWA Nueva York-Frankfurt) y los desviaron a Zarqa, en el norte de Jordania. El FPLP hizo explotar los aviones vacíos en el aeropuerto ante las cámaras de todo el mundo, y retuvo a los pasajeros como rehenes. El rey Huséin decidió entonces actuar con contundencia: el 16 de septiembre ordenó al ejército que desalojara a los rebeldes de los campos de refugiados palestinos. Los soldados jordanos mataron a miles de personas, entre ellas muchos civiles. Este dramático episodio fue conocido como el «Septiembre Negro».

Ante la superioridad jordana, Siria prestó su ayuda a los palestinos. Los tanques se concentraron en la frontera jordano-siria para intimidar al rey Huséin, que pidió ayuda a los estadounidenses. Pero fueron los israelíes quienes acudieron en su rescate: su aviación amenazó con ataques masivos a los tanques sirios, que dieron media vuelta. Yasser Arafat consiguió escapar y llegó a El Cairo, donde se celebraba la cumbre de la Liga Árabe. Allí se firmó un precario alto el fuego. Los últimos combates terminaron en julio de 1971 con la ejecución de los últimos fedayines refugiados en el norte del país, cerca de Ajlun. Arafat y sus partidarios se exiliaron en el Líbano, donde fue nombrado comandante en jefe de las fuerzas revolucionarias palestinas. La opinión pública tomó conciencia del problema de los refugiados palestinos.

Guerra de Yom Kippur

La calma que siguió a estos trágicos acontecimientos duró poco, ya que el 6 de octubre de 1973 estalló una nueva guerra árabe-israelí (la guerra de Yom Kippur). Los ejércitos egipcio y sirio lanzaron una ofensiva por sorpresa contra las fuerzas israelíes estacionadas a lo largo del canal de Suez y en los Altos del Golán. Gracias a una movilización relámpago y a la ayuda logística de Estados Unidos, los israelíes consiguieron repeler a los ejércitos árabes. La pérdida de vidas fue considerable en los bandos egipcio y sirio. Durante este conflicto, Huséin adoptó una posición de relativa neutralidad, que tuvo el mérito de convertir al «pequeño rey» en un intermediario privilegiado de Occidente en la región. No obstante, se acercó a Siria y, tras una primera cumbre de reconciliación en 1973, firmó un acuerdo de cooperación en 1976.

En octubre de 1974, en la cumbre árabe de Rabat (Marruecos), Yasser Arafat obtuvo el reconocimiento de la OLP como «único y legítimo representante del pueblo palestino». Esta resolución implicaba también «la obligación de todos los países árabes de preservar la unidad palestina y de abstenerse de toda injerencia en los asuntos palestinos». Huséin suscribió a regañadientes la declaración y se vio obligado a abandonar sus pretensiones sobre Cisjordania.

En 1978, la reunión de Camp David en Estados Unidos, a iniciativa del presidente egipcio Anwar el-Sadat, puso en marcha las negociaciones de paz entre Egipto y el Estado judío. Un año más tarde, las dos partes firmaron el Tratado de Washington, que el rey Huséin y los demás dirigentes árabes rechazaron.

Primera guerra del Golfo

A principios de la década de 1980, surgió un conflicto entre Irán e Irak. Huséin tomó partido por Irak «en nombre de la solidaridad árabe». Durante los ocho años que duró esta terrible guerra, las relaciones entre el Reino Hachemita y Siria, enemigo jurado de Irak, se volvieron algo tensas. En diciembre de 1987, se produjeron graves disturbios en los territorios palestinos ocupados. Era el comienzo de la Intifada. Tras un sutil acercamiento a Israel en 1988, el rey rompió definitivamente sus lazos administrativos y legales con Cisjordania y dejó de actuar como su mediador ante la ONU. La OLP proclamó el Estado palestino, aceptando por primera vez el principio de la partición de Palestina. En 1990, Irak, aliado y principal socio comercial de Jordania, invadió Kuwait. El rey Huséin, presionado por la población (especialmente los palestinos), apoyó oficialmente a Sadam Husein, lo que provocó el cese de la ayuda y las exportaciones estadounidenses y saudíes (especialmente de petróleo) y el bloqueo del puerto de Áqaba. Jordania, un pequeño país sin recursos petrolíferos, que sobrevivía principalmente gracias a la ayuda de los organismos económicos internacionales, no podía permitirse el lujo de dar la espalda a Occidente. Por ello, Huséin acató (al menos oficialmente) el embargo impuesto a Irak por la ONU, lo que le abrió el grifo de la ayuda exterior, sobre todo de Europa. La diplomacia de Huséin consiguió, una vez más, que su país sorteara otra situación difícil. Sin embargo, según estimaciones de la ONU, la guerra del Golfo le costó a Jordania unos 8000 millones de dólares.

Además, al final de la guerra, 500 000 palestinos y jordanos que trabajaban en Kuwait y los Estados del Golfo fueron expulsados. Constituyeron así una tercera oleada de refugiados en un país acosado por las dificultades económicas.

Paz con Israel

En septiembre de 1993, el mundo se enteró por sorpresa de los Acuerdos de Oslo: Israel y la OLP se reconocían mutuamente. El primer ministro israelí, Isaac Rabin, y Yasir Arafat firmaron en Washington una declaración de «autogobierno» y se dieron la mano ante las cámaras con Bill Clinton de fondo. A partir de entonces, ya no hubo obstáculos para la paz entre Israel y Jordania. En julio de 1994, comenzaron las primeras negociaciones entre Isaac Rabin y el rey Huséin, iniciándose el tratado de paz israelo-jordano. Rabin, Huséin y Clinton firmaron la Declaración de Washington el 25 de julio de 1994, proclamando el fin de las hostilidades y el inicio de negociaciones para una paz duradera.

En octubre de 2004, ambos jefes de Estado firmaron un tratado de paz en Wadi Araba. Las fronteras terrestres y marítimas entre ambos países se abrieron a turistas, mercancías y trabajadores. Se firmaron acuerdos de cooperación en materia de seguridad y agua, y se abrieron embajadas en ambos países. Rabin visitó Amán en octubre de 1994 y Huséin visitó Israel por primera vez en noviembre de ese mismo año. El tratado también otorgaba a Jordania un papel privilegiado como garante de los lugares santos musulmanes de Jerusalén, lo que disgustó a los palestinos. El asesinato de Isaac Rabin a manos de un extremista judío en Tel Aviv, en noviembre de 1995,

comprometió el proceso de paz entre israelíes y palestinos.

Al mismo tiempo, el gobierno estadounidense, en vista de los esfuerzos del rey en el proceso de paz de Oriente Próximo, animó enormemente a los inversores occidentales a instalarse en el país. Estos grupos financieros, agroalimentarios, industriales y hoteleros contribuyeron a mejorar las condiciones sociales de la población local: aunque el país aún no había despegado lo suficiente como para reducir su deuda, la situación económica seguía mejorando.

Ascenso al trono del rey Abdalá II

Cuando Huséin contrajo un cáncer, se planteó delegar sus poderes. Hasán, hermano del rey y príncipe heredero desde 1965, estaba preparado para sustituirle en el trono. De hecho, actuó como rey interino cuando este viajó a Estados Unidos para recibir tratamiento en 1992 y 1998. Pero Huséin decidió otra cosa: contra todo pronóstico, en enero de 1999 nombró sucesor a su hijo mayor Abdalá, nacido de su segundo matrimonio. El rey murió el 7 de febrero de 1999, tras un reinado de más de 46 años. Decenas de jefes de Estado y de gobierno asistieron a su funeral. Abdalá fue coronado unos meses después, a la edad de 37 años.

El nuevo rey continuó la política de su padre, al tiempo que impuso su deseo de reformar la economía jordana y modernizar la sociedad. En el contexto regional de la época, su prioridad era garantizar la estabilidad del reino. Su papel era delicado, ya que había crecido en Estados Unidos, estudiado en el Reino Unido y hablaba poco árabe, así que la opinión pública no estaba muy convencida de su elección como rey. Pero Abdalá II era el heredero ideal para continuar la política de desarrollo llevada a cabo por su padre, gracias al apoyo de las potencias locales y occidentales. Realizó numerosos viajes oficiales y, en 1999, se desmarcó de la política de su padre al tomar dos medidas importantes: prohibir la entrada de Hamás en territorio jordano y renunciar al papel de Jordania en el estatuto de Jerusalén. También se acercó a los países del Golfo, que habían criticado a Huséin por su postura proiraquí durante la guerra de Kuwait, pero que inmediatamente prestaron su apoyo al nuevo rey. La segunda Intifada y los atentados del 11 de septiembre de 2001 tuvieron consecuencias catastróficas para la economía turística del país. Jordania apoyó a Estados Unidos en su lucha contra el terrorismo.

Segunda guerra del Golfo

En 2003, la segunda guerra del Golfo planteó un verdadero dilema al nuevo rey. La población era claramente hostil a la ocupación estadounidense de Irak. Al igual que su padre antes que él, Abdalá tuvo que escuchar al pueblo y, al mismo tiempo, preservar su alianza con Estados Unidos. El país ofreció facilidades al ejército estadounidense en su territorio. En agosto, la embajada jordana en Bagdad fue objeto de un atentado en el que murieron catorce personas. Afortunadamente, la corta duración del conflicto bélico alivió las tensiones entre la población y las autoridades. La desintegración del país, tantas veces temida a lo largo de la historia, se evitó una vez más. Entre 750 000 y un millón de iraquíes se refugiaron en Jordania, un país debilitado económicamente por las repercusiones del conflicto en Irak, su principal mercado de exportación. Además, Irak suministraba petróleo

barato a Jordania. La ocupación del país iraquí por Estados Unidos provocó una fuerte subida del precio del petróleo en Jordania.

En 2005, tras los atentados sufridos por Egipto, Jordania también se vio afectada por el terrorismo. El 19 de agosto se produjo un ataque con cohetes en el puerto de Áqaba, dirigido contra dos buques de guerra estadounidenses que hacían escala en el puerto y en el que murió un soldado jordano. El 9 de noviembre de 2005, terroristas suicidas atacaron tres hoteles de Amán, con un resultado de 60 muertos y 102 heridos. Fueron los atentados terroristas más mortíferos perpetrados en el reino. Por último, el 4 de septiembre de 2006, un hombre armado mató a un británico e hirió a otros 6 turistas en el teatro romano de Amán. El culpable, un palestino de 38 años, fue detenido y condenado a la horca (la pena de muerte sigue vigente en Jordania).

Crisis económica en 2009

El rey Abdalá, criado en Estados Unidos, intentó una serie de reformas políticas durante las elecciones municipales de 2007: modificó la ley electoral para que el 20 % de los escaños estuvieran reservados a las mujeres y nombró un nuevo gobierno de su confianza para llevar a cabo una serie de reformas estructurales destinadas a cambiar el sistema fiscal, reducir el gasto público, sanear el sistema de pensiones civiles y militares, y desarrollar el sistema educativo. Los cambios dieron sus primeros frutos en 2008. Sin embargo, la crisis económica mundial de 2009 ralentizó considerablemente los esfuerzos presupuestarios del gobierno, aunque este continuó con sus reformas, especialmente en los ámbitos de la sanidad pública y la cobertura sanitaria.

Sin embargo, estas reformas económicas no beneficiaron a los más pobres, en su mayoría palestinos, que vivían en casas levantadas donde antes estaban los campos de refugiados. Las desigualdades sociales entre los más ricos y los más pobres no dejaban de aumentar, creando tensiones en la población.

Primavera Árabe en Jordania

«Jordania no es solo para los ricos, el pan es nuestra línea roja, cuidado con nuestra hambruna y nuestra furia» fueron los primeros lemas coreados por los manifestantes en las calles de Amán el 14 de enero de 2011. Al igual que sus vecinos Túnez, Egipto, Libia y Siria, Jordania se despertó un día con la Primavera Árabe protestando contra la subida de los precios de los alimentos básicos, como la harina, el pan, el petróleo y el combustible. Un tercio de la población vivía en la pobreza extrema porque no habían podido beneficiarse de las reformas políticas llevadas a cabo por el rey Abdalá. Al día siguiente, los Hermanos Musulmanes organizaron una sentada frente al Parlamento para protestar contra la política del gobierno (no se criticó abiertamente al rey). Iniciado por la izquierda, pero sin un impacto político real, el movimiento de protesta cobró verdadera fuerza cuando se le unió una masa popular formada por jóvenes en paro, campesinos palestinos, obreros y profesores que reclamaban el derecho a sindicarse y un aumento de sueldo… Las élites de palacio entraron en pánico porque establecieron paralelismos con las protestas de Túnez. Decidieron que había que actuar con celeridad por miedo al contagio. Así que el gobierno anuló la subida del precio de la gasolina. Pero

las protestas prosiguieron: la semana siguiente (21 de enero), 5000 manifestantes volvieron a salir a la calle, demostrando la profundidad de los males sociales del Reino Hachemita. Ante la creciente impopularidad de un gobierno criticado por su corrupción y amiguismo, el rey Abdá decidió disolverlo el 1 de febrero para calmar a la opinión pública. Pidió entonces a Marouf al-Bakhit, antiguo general del ejército, que formara un nuevo gobierno y pusiera en marcha «rápidamente y de manera precisa un proceso de reforma política» para «reforzar la democracia». Las palabras mágicas fueron pronunciadas por el rey, que mostró su voluntad de dialogar (a diferencia de su vecino Bashar al-Ásad en Siria, que mandó dispersar a la multitud con disparos con munición real). Pero los jordanos no estaban convencidos: el pueblo esperaba reformas profundas del sistema político, hasta el punto de que el 25 de febrero, 10 000 personas se manifestaron en Amán, un récord histórico. Esta vez, los manifestantes exigían el fin de la monarquía constitucional, la elección de un primer ministro, la disolución del Parlamento y «una mayor transparencia en el presupuesto y las finanzas de los ministros para reducir la corrupción que corroe el país».

Pero el rey tenía reservadas unas cuantas sorpresas agradables para su pueblo, dando un verdadero golpe de efecto el 12 de junio de 2011: durante un discurso televisado en el que se dirigió a la nación, reiteró todas las palabras que los manifestantes esperaban oír: «Democracia, diálogo, constitución, libertad, reforma, lucha contra la corrupción, medios de comunicación, instituciones». Expresó claramente su deseo de acelerar el proceso de reforma de la monarquía constitucional hacia un sistema parlamentario, en el que se garantizaría la «representación activa de los partidos políticos». Sin embargo, estas promesas solo se cumplieron superficialmente y, a pesar de algunos reajustes realizados en julio de 2012 (ese mismo mes, el FMI concedió a Jordania 2000 millones de dólares para que pudiera mantener su estabilidad económica), el pueblo jordano reanudó las manifestaciones en noviembre a raíz de las subidas del precio de la gasolina y el gas.

La onda expansiva de los conflictos regionales

Hoy la situación económica y social de Jordania busca la estabilidad, pero la timidez de las reformas emprendidas sigue siendo un freno al desarrollo. A ello se añade una relación incómoda con sus vecinos, en particular con Israel. Aunque la muerte de dos jordanos en julio de 2016 en la embajada israelí en Jordania reavivó las tensiones entre ambos países, consiguieron ponerse de acuerdo en otros asuntos. El acuerdo firmado en diciembre de 2013 entre los países vecinos para salvar el mar Muerto y unir fuerzas para hacer frente al problema de la falta de agua potable en la región fue bastante alentador.

El país siguió acogiendo a decenas de miles de sirios (más de 500 000 en 2015, según la ONU) obligados a huir de la violencia en su país. De hecho, a pesar de la estabilidad política de Jordania, la situación en los países vecinos (Palestina, Siria, Irak y Egipto) no benefició precisamente al turismo. Las acciones terroristas llevadas a cabo por el Estado Islámico (EI) en

Siria acentuaron esta reticencia de los turistas a visitar las maravillas del país. En febrero de 2015, tras la ejecución de un piloto del ejército jordano por parte del EI, el gobierno jordano reafirmó su determinación de no dejar que este movimiento ganara terreno y, en represalia, bombardeó sus posiciones en Siria. Pero esto no fue suficiente, ya que los ataques de grupos islamistas se multiplicaron en 2016.

Pese a todo, Jordania está decidida a mantener la paz y a que el país evolucione positivamente. En agosto de 2017, el poder legislativo jordano derogó una disposición del Código Penal que permitía al autor de una violación eludir el enjuiciamiento si se casaba con su víctima. Ahora queda por ver qué rumbo tomará la política interna en los próximos años: la población, aunque leal a su soberano, reclama cambios, mayor transparencia y mejor representación.

En junio de 2018, el primer ministro jordano, Hani Al-Mulki, dimitió tras una oleada de protestas sociales contra las medidas de austeridad fiscal acordadas con el Fondo Monetario Internacional (FMI). Omar Razzaz le sucedió entre el 14 de junio de 2018 y el 12 de octubre de 2020. Y este fue sustituido por Bisher Al-Khasawneh.

En noviembre de ese año se firmó una declaración de intenciones entre Emiratos Árabes Unidos, Jordania e Israel, con el objetivo de iniciar negociaciones sobre un proyecto de suministro de agua en 2021. Si estas negociaciones llegan a buen puerto, Jordania se comprometerá a reconocer los territorios ocupados por Israel. Muchos jordanos descontentos marchaban por las calles todos los viernes en protesta por dicho acuerdo.

POBLACIÓN

Demografía

Jordania tiene una población aproximada de 11 200 000 habitantes (2023). Entre 1952 y 1979, la población se cuadruplicó, pasando de 586 000 a 2 130 000 habitantes debido a la llegada masiva de refugiados palestinos, que constituyeron casi la mitad de los que entraron en al país. Hoy son principalmente sirios. El número total de refugiados se estima en casi tres millones.

El mito de un país poblado por beduinos nómadas queda ya muy lejos de la realidad: el 92 % de la población total del reino es urbana. Esto se debe a un éxodo rural masivo tras las campañas de sedentarización de los beduinos, pero también a la evolución de la población tras la llegada de los refugiados palestinos e iraquíes, que se han reagrupado mayoritariamente en las ciudades. De hecho, la capital cuenta actualmente con más de 4 millones de habitantes. La población jordana es muy joven (el 31,4 % tiene menos de 15 años). Los mayores de 65 años representan solo el 4,05 %. La tasa de crecimiento de la población es del 0,79 % anual.

La esperanza de vida era de 48 años en los años 1970. Hoy es de 76,2 años para los hombres y 77,8 años para las mujeres.

Estilo de vida

Sanidad

Jordania tiene un buen sistema sanitario. Todas las ciudades están equipadas con hospitales o centros de salud eficaces. Esto permite un buen seguimiento de la

© RUSLAN KALNITSKY - SHUTTERSTOCK.COM

Beduino tocando un instrumento tradicional.

población y facilita la labor de prevención (campaña de vacunación, aprendizaje de normas de higiene, etc.). La modernización del país, combinada con este sistema médico bien desarrollado, ha dado lugar a un aumento espectacular de la esperanza de vida. Las reformas en curso pretenden también mejorar la cobertura médica de los ciudadanos.

Derechos humanos

En todos los conflictos que afectan a los países vecinos, los dirigentes jordanos están obligados a escuchar atentamente a una población que se opone ferozmente al intervencionismo estadounidense, al tiempo que intentan contentar a sus aliados occidentales. La segunda Intifada y el segundo conflicto bélico iraquí volvieron a sacar a la población a la calle, reavivando el resentimiento y acentuado las divisiones.

Las manifestaciones de oposición al gobierno, visto como demasiado proamericano, fueron severamente castigadas, y muchos presuntos *terroristas* fueron encarcelados. Al mismo tiempo, para garantizar oficialmente la seguridad interior, se vieron truncadas en varias ocasiones la libertad de expresión (prensa, opositores, individuos) y la libertad de reunión. Algunos temas parecen ser tabú y no pueden ser tratados por la prensa: el ejército, la familia real, las críticas a los dirigentes de países aliados, la religión, la oposición al proceso de paz.

Ritmo de vida

La población madruga en Jordania, como en el resto del Oriente Próximo. En todo el país, la llamada a la oración del muecín se lo recordará cada mañana.

Aunque es posible comer a todas horas y en casi cualquier parte en Amán y en las ciudades cercanas a los lugares turísticos, la cosa cambia bastante en las ciudades de provincias, donde no hay vida nocturna después de las 20 h. Hay que tener mucho cuidado con el sol, que es abrasador en verano. Por eso es muy recomendable empezar el viaje a los lugares turísticos muy temprano, o si no hacerlo dos o tres horas antes de la puesta de sol.

Religión

La religión oficial en Jordania es el islam: más del 90 % de los jordanos son musulmanes suníes. También hay una minoría cristiana (6 % de la población), principalmente ortodoxos griegos, así como drusos. La libertad religiosa está garantizada, incluida la educación en la propia religión de cada niño.

ARTE Y CULTURA

Arquitectura

La notable arquitectura de Jordania refleja los diferentes períodos prósperos de su historia, siempre que los yacimientos y las ciudades hayan sido respetados por los terremotos a lo largo de los siglos.

▶ **Arquitectura nabatea.** Petra, emblema mágico de la arquitectura jordana, es lo que más va a impresionarle. Esta antigua ciudad, rica en tesoros, con sus edificios destinados al culto, se extiende sobre hectáreas de prestigiosas ruinas.

▶ **Arquitectura romana.** La Decápolis (diez ciudades) conserva bellas joyas arquitectónicas, como Gerasa y su laberinto de calles empedradas y su plaza ovalada, donde cada año se celebra un festival. No muy lejos, Pella y Umm Qais, la antigua Gádara, son otros sitios dignos de admiración.

▶ **Arquitectura militar cruzada**. De la época de las cruzadas quedan numerosos vestigios de fortalezas, como Karak, que aún se mantiene en pie con orgullo y con sus fortificaciones de 220 metros de largo. Los árabes también construyeron fortalezas, como el castillo ayubí de Ajlun, entre otros.

▶ **Siglos enteros no han dejado ningún vestigio arquitectónico**. La capital del Estado actual, Amán, sin duda le decepcionará, ya que sus monumentos antiguos más admirables han desaparecido.

Artesanía

Hubo un tiempo en que el bordado tradicional lo practicaban todas las mujeres de origen palestino, sobre todo en el campo. Solían reunirse y charlar sobre asuntos cotidianos mientras trabajaban en sus labores. Tras los sucesivos éxodos de 1948 y 1967, el arte del bordado empezó a perderse y fue abandonado por las generaciones más jóvenes, que lo consideraban pasado de moda. Hoy en día, el bordado se ha convertido en un arte de lujo y recientemente ha sido recuperado por asociaciones que ayudan a las mujeres árabes. Además de vestidos con diseños rojos tradicionales, que varían de pueblo en pueblo y se transmiten de generación en generación, ahora confeccionan bolsos, bufandas, pequeños monederos y cojines.

El país también es famoso por sus kilims (alfombras tejidas reversibles), confeccionados por mujeres beduinas.

También encontrará joyas de plata hechas a mano, así como alfarería, cestería, cerámica, cristalería… En Mádaba, además de bellos kilims, verá mosaicos en miniatura. Y en Petra y Áqaba, la especialidad son pequeñas botellas rellenas de arena de colores que representan diversos motivos y paisajes.

Literatura

País de montañas y desierto, Jordania parece sometida a la paradoja de la arena, que protege y preserva tanto como camufla y erosiona. Su historia, más que milenaria, queda confirmada por los numerosos petroglifos que salpican Wadi Rum o por las inscripciones halladas en el corazón de la mítica ciudad de Petra, tanto tiempo olvidada y oculta a los ojos del mundo, y también queda patente en los cinco lugares de peregrinación donde tuvieron lugar episodios bíblicos. Sin embargo, este país, que ha visto evolucionar una docena de civilizaciones a lo largo de los siglos, no obtuvo su independencia hasta 1946 e, incluso entonces, estuvo sometido a importantes movimientos de población y convulsiones políticas que modificaron sus fronteras. La literatura jordana, poco conocida y poco difundida en la actualidad, se construye a partir de esta identidad particular y, una vez más, a imagen de la arena, fluctuante y escurridiza… pero indestructible.

En época moderna, una nueva generación de escritores ha surgido en los albores del nuevo milenio, y aunque sigue siendo difícil acceder a traducciones españolas de sus obras, esto demuestra que la literatura jordana florece ahora en un clima político más sereno. Cabe mencionar a Jalal Barjas, que recibió el Premio Internacional de Narrativa Árabe 2021 por *Notebooks of the Bookseller,* una novela coral, escrita durante la pandemia, que transcurre en Amán, Mádaba y Moscú entre 1947 y 2019. Jalal Barjas es también poeta y director del Jordanian Narrative Labatory, y es uno de los escritores más destacados de nuestro tiempo. Hisham Bustani, nacido en 1975, también se ha destacado, tanto por los temas que aborda en sus cuentos fantásticos y su poesía, como por su talento para distorsionar el lenguaje rompiendo códigos. Por último, para concluir con una novela totalmente contemporánea, mencionemos a Fadi Zaghmout, que evoca la cuestión del género en su blog y cuestiona a la sociedad en *The bride of Amman.* Este libro se centra en la vida de cuatro chicas jóvenes y un chico de hoy, que luchan contra una tradición que dicta tanto sus relaciones amorosas como sus ambiciones profesionales.

Música

La música en Jordania ocupa un lugar importante en la vida cotidiana: está por todas partes y todo el tiempo.

Cuando vaya por la calle o en la radio, oirá casi exclusivamente melodías arabizantes. Salvo en algunos bares modernos de Amán, la música occidental no ha conseguido suplantarlas, ¡de lo cual nos alegramos mucho!

Hay numerosas tiendas en las calles de Amán (casco viejo) que aún venden casetes, y también CD. No dude en pedir a los vendedores escuchar el contenido antes de comprar. Es una práctica habitual allí.

Pintura y artes gráficas

Las artes visuales están dominadas por el mosaico, que embelleció las iglesias hasta los tiempos modernos. Hoy la tradición aún sigue viva. Pero el arte contemporáneo ha explotado recientemente. Puede descubrirlo en las numerosas galerías de arte de la capital, concentradas en los barrios de Jabal al-Weibdeh y Jabal Amman. Un recorrido único por el Oriente Próximo que se prolonga en el exterior, en forma de un arte callejero alegre y colorista que florece hoy en la capital.

FIESTAS

Enero

◼ **ANIVERSARIO DEL REY ABDALÁ II**
Cada 30 de enero se celebra el nacimiento del Soberano jordano, Abdalá II. Hijo mayor del rey Huséin y la princesa Muna, Abdalá II nació el 30 de enero de 1962 en Amán y llegó al trono en febrero de 1999. Y aunque la población jordana no siempre está de acuerdo con su gobierno, las palabras del rey siempre son recibidas con atención. El día es festivo para los habitantes del país y suele ser habitual que la familia real publique fotos personales en las redes.

Febrero

◼ **AL-ISRA' WAL-MI'RAJ**
«La noche del viaje y la ascensión al cielo» es la experiencia espiritual

© WWE – SHUTTERSTOCK.COM

Músicos en Gerasa.

más poderosa del profeta Mahoma. El arcángel Gabriel le pidió que viajara a la mezquita de Al-Aqsa de Jerusalén en una majestuosa montura. Mahoma cabalgó desde La Meca durante la noche, pasando brevemente por el Cielo. Allí recibió mandatos divinos, entre ellos la práctica de la oración cinco veces al día. Por ello, la celebración de esta fiesta se orienta principalmente a la práctica de la oración: se le dedica una noche entera.

Mayo

◼ **DÍA DE LA INDEPENDENCIA DE JORDANIA**
El 25 de mayo de 1946, el emirato hachemita de Transjordania se independizó del dominio británico y se convirtió en un reino. Tres años más tarde, abandonó el prefijo «Trans» y se convirtió en el Reino Hachemita de Jordania. Cada año se conmemora este paso fundacional en la historia del reino. Cada año, el país celebra este acontecimiento con fervor popular. El día está marcado por un desfile militar, discursos políticos y un gran espectáculo de fuegos artificiales.

Junio

◼ **DÍA DE LAS FUERZAS ARMADAS**
El 10 de junio de 1916 marcó el inicio de la Gran Revuelta Árabe (1916-1918), cuando el jerife de La Meca, Huséin ibn Ali, inició la rebelión que liberó la península arábiga de la dominación

RAMADÁN

El Ramadán es el mes de ayuno impuesto a todas las personas en edad de hacerlo, normalmente a partir de los diez años. Las mujeres embarazadas, los enfermos y los viajeros no están obligados a ayunar. Entre los muchos significados del Ramadán está el deseo de los creyentes de someterse a la voluntad de Dios siguiendo la tradición del islam. Durante todo el mes, se prohíbe comer, beber, fumar y mantener relaciones sexuales antes de que se ponga el sol. Cada noche, el ayuno se rompe con un vaso de agua y dátiles.

▶ **El Eid al-Fitr** marca el final del Ramadán y la ruptura definitiva del ayuno. A los practicantes que han observado el mes de ayuno se les perdonan los pecados cometidos durante el año anterior, así se puede comenzar el año nuevo de la forma más virtuosa posible y bajo buenos auspicios. La Culminación del Ayuno es una de las fiestas más vibrantes del calendario musulmán, se vive como un momento de compartir y de caridad: se visita a las familias para festejar y comer *mansaf,* se hacen regalos a los niños y es costumbre hacer donativos a los necesitados.

otomana, convirtiéndose en la primera figura del panarabismo. Abdalá I, el primer rey de Jordania, era su hijo. Aunque esta fecha clave en la historia de Jordania se celebra cada año, no es un día festivo. El rey de Jordania participa en un desfile militar celebrado en Amán para conmemorar el acontecimiento.

Julio

■ **FESTIVAL DE GERASA**
GERASA
www.jerashfestival.jo
admin@Jerashfestival.gov.jo
El Festival de Gerasa por la Cultura y el Arte es un acontecimiento cultural muy esperado por los amantes de la música y los artistas de todo Oriente Próximo y Oriente Medio. Combina el esplendor de las ruinas de Gerasa con las nuevas tendencias musicales, teatrales y folclóricas de nuestro tiempo. Aquí actúan artistas de todo el mundo: estrellas de la música libanesa y egipcia, grupos folclóricos españoles y alemanes, bailarines japoneses, compañías de teatro inglesas… Los espectáculos tienen lugar en todo el recinto, que se reviste de magia gracias a la brillante iluminación.

Octubre

■ **MAWLID**
Esta fiesta conmemora el nacimiento del profeta Mahoma en el tercer mes del calendario lunar y es un día festivo en Jordania. Para dicha celebración, el rey Abdalá II pronuncia un discurso sobre el significado del islam y las enseñanzas del Profeta. Los musulmanes se reúnen en las mezquitas de todo el país para leer el Corán, recitar poemas y cantar alabanzas al Profeta. Las familias y los amigos se reúnen para disfrutar de una copiosa comida, que se comparte con los pobres y los necesitados.

DESCUBRE

Productos y especialidades

Las verduras desempeñan un papel importante en la preparación de los platos locales: tomates, cebollas, pimientos, berenjenas, calabacines, acompañadas sin falta por hierbas mediterráneas como la menta, el cilantro y perejil, que verá más a menudo en forma de ramilletes que de semillas, y también, cómo no, tomillo, hinojo y salvia. Bañados por la nutritiva luz del sol, todo estos productos son excelentes. El clima y el suelo son tan favorables en el valle del Jordán que se pueden recolectar dos o incluso tres cosechas al año. La carne es principalmente de oveja, pollo y cordero. La carne de res es escasa, y el cerdo, por supuesto, está totalmente prohibido. El pescado tampoco abunda, pero aún se encuentra en varios restaurantes, especialmente en Amán y Áqaba.

Mansaf

Es el plato nacional de Jordania, preparado con carne de oveja cocinada en leche fermentada, denominada *jameed,* y acompañada con arroz, almendras, piñones y una salsa especial. Este plato tiene un papel cultural importante porque está asociado a la vida tradicional agropastoral jordana, y se prepara para ocasiones especiales: bodas, cumpleaños…

Pan

El alimento básico es el pan árabe llamado *khobz.* Se puede comer con cualquier cosa. Redondo y plano, es muy práctico para sándwiches (*shawarma, falafel*). Puede tener todo tipo de sabores dependiendo de cómo se cocine y de las especias que se le pongan. El de semillas de sésamo es un poco más sabroso que el *khobz* común, que puede cansar con facilidad después de más de quince días en la región.

Mezze

De origen libanés, el *mezze* es una selección de aperitivos fríos o calientes. Los jordanos lo incorporaron a su menú hace ya mucho tiempo. Los diferentes ingredientes se presentan en pequeños platos y constituyen casi una comida completa.

Algunos *mezze* tradicionales:

▶ **Hummus.** Puré de garbanzos mezclado con pasta de sésamo (tahine), limón y ajo.

▶ *Kebbe.* Albóndigas de trigo triturado y frito, de forma ovalada, rellenas de carne y cebolla.

▶ *Börek.* Hojaldre ligero relleno con queso y menta fresca, o con carne (o incluso pescado).

▶ *Mutabal.* Puré de berenjena ligeramente picante.

▶ *Fuul.* Puré de judías con ajo y limón, bañado en aceite de oliva. Sin duda el más popular y barato de todos.

▶ *Labaneh.* Crema espesa, hecha de leche cuajada. También se puede consumir como si fuese un yogur, de postre.

▶ **Baba ganush.** Pasta de berenjena triturada, mezclada con tahine.

▶ **Tabulé.** Mezcla de trigo triturado, tomates y hojas de menta que se dejan macerar en aceite y limón. El tabulé libanés (o jordano) utiliza mucho menos trigo triturado que el de los países del Magreb.

▶ **Falafel.** Albóndigas de garbanzo y de especias molidas, fritas y servidas con pasta de sésamo.

Carne

▶ **Shawarma.** La gran estrella de los aperitivos locales. Al igual que la pita en Grecia, el döner kebab en Turquía, el shawarma es un sándwich relleno de carne de cordero asada en un espetón. El vendedor ambulante le ofrecerá varios ingredientes como acompañamiento.

▶ **Farouj.** Plato de pollo acompañado con un surtido de verduras o ensalada.

▶ **Shish kebab.** Pincho de cordero o pollo marinado, servido con albóndigas y cocido al carbón vegetal, con tomates y cebollas.

▶ **Kefta.** Se trata de albóndigas de carne picada especiadas con diferentes sabores y acompañadas con tomates.

▶ **Musajján.** Una gran pan árabe plano cubierto con pollo y cebolla cocinados en aceite de oliva. Se parece ligeramente a una pizza.

▶ **Sambusak y fatayer.** Masa rellena de carne picada y queso, que puede llevar también espinacas y hierbas.

▶ **Frike.** Pollo a la parrilla relleno de sémola de trigo triturado.

▶ **Maqluba.** Más conocido por los turistas por su nombre inglés *upside-down* («al revés»), se trata de un guiso de carne o pescado, servido con arroz

y verduras. La curiosidad del plato es que se le da la vuelta para que el arroz cubra la carne.

Bebidas

Té y café

▶ **Té:** *chai.*

▶ **Café:** *kahwah.*

Para empezar el día, nada mejor que un café turco con cardamomo o un buen té. Normalmente, ambos se sirven muy dulces (pídalos como *bedoun suker* si no quiere azúcar). El café se hierve tres veces antes de servirlo en pequeñas tazas con el poso en el fondo. Si no quiere este tipo de café tradicional, pida un Nescafé, todo el mundo conoce la palabra. Pero sería una pena…

El té se bebe en todas partes y todo el tiempo. Es la verdadera bebida nacional. Se ofrece a los amigos, clientes y turistas de paso. Es una buena excusa para sentarse y charlar. Si le ofrecen rellenar el vaso, no se niegue. Como el café, el té se bebe muy fuerte. Los beduinos a veces le añaden salvia y tomillo para darle sabor. Es un poco especial, pero se deja beber perfectamente.

Agua, jugos de frutas y refrescos

Lo más prudente es beber agua mineral embotellada, a pesar de que el gobierno asegura a los turistas que el agua del grifo es totalmente potable. Por supuesto, encontrará los omnipresentes refrescos estadounidenses en todos lados. Los zumos de frutas se venden en tiendas pequeñas por todo el país (naranja, granada, melón). Pero si es de estómago débil, asegúrese de que no le añaden agua.

Fatayers. Empanadillas típicas de Oriente Medio.

Vino y licores

Jordania es un país musulmán que permite con tolerancia la fabricación, venta y consumo de licores y vino. Sin embargo, es mejor consumirlos en restaurantes y hoteles, en lugares privados, para no escandalizar a los que no beben.

Los vinos tintos, blancos y rosados proceden de la región de Jordania, pero también de países vecinos (principalmente Líbano y Cisjordania). Mejor evitar los vinos importados de Europa, ya que son mucho más caros. También producen cerveza (Amstel, bajo licencia holandesa) o la importan.

Otra especialidad local es el arak, una especie de aguardiente anisado (con más de 40 grados) parecido al ouzo griego, que se sirve mezclado con un poco de agua o puro, a gusto del consumidor. Los nativos lo suelen beber durante las comidas y los turistas solo como aperitivo.

Hábitos alimenticios

Restaurantes

Hay bastantes restaurantes en el país y a menudo ofrecen los mismos platos (*mezze,* parrillas, *mensaf,* pescado…). Sería una pena no probarlos al menos una vez durante su estancia, aunque solo sea para disfrutar de un *mensaf.* En Amán, y en menor medida en Áqaba, es donde hallará la oferta más variada. En la capital hallará platos de casi todas las cocinas del mundo.

En la calle

Se come bien y barato. Los pequeños locales ofrecen invariablemente pollo, pan y ensalada, pero también algunos platos contundentes típicos de Oriente Medio: *mezze,* falafels, shawarma, bollería… Es una buena base nutritiva para los presupuestos más modestos. Pero los turistas más pudientes se equivocarán, y mucho, si no lo prueban. Estos establecimientos (donde se puede comer de pie o sentado) son una buena manera de entablar conversación mientras se disfruta de lo que constituye la base de la comida local.

En casas particulares

Degustar la cocina familiar es un raro privilegio. Es común ser invitado a tomar el té, pero no tanto a cenar. Así que si se lo ofrecen, no lo dude, especialmente durante el Ramadán. Los ingredientes y los platos son los mismos que los de los restaurantes o pequeños locales, pero la preparación marcará la diferencia. Afortunadamente, algunos restaurantes se han empeñado en restituir esta cocina familiar.

DEPORTES Y OCIO

Ecoturismo

Los desiertos, montañas, valles y arrecifes de coral de Jordania ofrecen la posibilidad de organizar miles de actividades en plena naturaleza. Las autoridades promueven cada vez más las reservas naturales del país. Algunas de ellas han sido bien acondicionadas para los visitantes y permiten salirse de los caminos trillados, ya sea por su cuenta o con un guía local que conozca las montañas o el desierto como la palma de su mano.

Excursionismo

Las posibilidades son infinitas. Si va a pie, no dude en visitar las reservas de Dana y Wadi Mujib, por la diver-sidad de sus paisajes, sus relieves, la fauna y flora, y la calidad de las instalaciones (sobre todo en Dana: excelente alojamiento, buena acogida y guías preparados). También se pueden hacer excursiones de unas horas o varios días en Petra y en Wadi Rum. Posibilidad de hacerlo a caballo o a lomos de un dromedario.

La excursión más conocida es la que conecta Wadi Rum con Áqaba (o viceversa), de varios días, pero también hay excursiones más cortas, sobre todo desde Rum. El desierto también se puede recorrer en todoterreno. Ruidosos pero rápidos, permiten salirse con facilidad de las carreteras más transitadas. Una posibilidad es viajar de Áqaba a Rum o de Amán a los castillos del desierto.

© CRAZY NOOK – SHUTTERSTOCK.COM

En el desierto de Wadi Rum.

Buceo en el mar Rojo.

Escalada

Tony Howard es la gran figura de la escalada en Jordania. Este escalador británico ha hecho mucho por promocionar la belleza de las rocas de Wadi Rum entre escaladores de todo el mundo.

Su libro *Treks and climbs in Wadi Rum* es toda una referencia, ya que describe 300 rutas de escalada. El libro está disponible en librerías de Amán y Áqaba.

Barranquismo

El Wadi Mujib, que desciende desde las aguas termales de Hammamat Ma'in hasta el mar Muerto, es perfecto para practicar esta actividad, mezcla de senderismo, escalada y a veces natación.

La experiencia es inolvidable. Es obligatorio contratar los servicios de un guía de la RSCN.

Buceo

El mar Rojo es conocido en todo el mundo por la belleza de sus fondos marinos, así que si hay un deporte que practicar en Jordania, ¡ese es el submarinismo! El número de clubes en el litoral jordano, relativamente pequeño en cuanto a extensión, es un claro indicativo: 23 puntos de inmersión oficiales que ofrecen descubrimientos submarinos inolvidables. La fauna es impresionante y, además de peces león, peces escorpión y peces payaso, no es raro toparse con tortugas y tiburones ballena. Los corales son magníficos y hasta podrá ver algunos pecios que merecen una visita, como el tanque americano *M42,* que se encuentra a 6 metros de profundidad (accesible con máscara y tubo), y el mercante *Cedar Pride,* un gigantesco navío hundido en 1986. O simplemente puede ponerse una máscara y un tubo y disfrutar viendo la colorida fauna y flora de los arrecifes de coral.

PERSONAJES ILUSTRES

Rey Abdalá II

Abdalá II es el actual soberano de Jordania. Nacido el 30 de enero de 1962, sucedió a su padre Husein a la muerte de este en febrero de 1999. Es hijo de Husein y de su segunda esposa, la princesa Mouna, nacida en Gran Bretaña. Enviado a Inglaterra a los cuatro años, Abdalá asistió allí a la escuela y luego continuó su educación en Estados Unidos. Al igual que su padre, asistió a la Academia Militar de Sandhurst, antes de pasar un año en Oxford, donde se especializó en política internacional. A continuación se alistó en el ejército jordano, donde hizo carrera como oficial. También estudió Ciencias Políticas y Economía en la Universidad estadounidense de Georgetown. En junio de 1993, el Príncipe Abdalá se casó con la bella Rania al-Yassin, de origen palestino. Tienen cuatro hijos: el príncipe Husein (nacido en 1994), la princesa Iman (nacida en 1996), la princesa Salma (nacida en 2000) y el príncipe Hashem (nacido en 2005). Abdalá fue nombrado general de brigada en 1994 y luego comandante de las Fuerzas Especiales, una unidad de élite del ejército jordano. No estaba destinado a convertirse en rey, ya que el príncipe heredero era Hassan, hermano del rey Husein, desde 1965. Pero el 24 de enero de 1999, trece días antes de su muerte, el rey nombró heredero al trono a su hijo mayor. La ceremonia de coronación tuvo lugar el 9 de junio de 1999, que desde entonces se ha convertido en un nuevo día festivo en el calendario jordano.

Omar Al-Abdallat

Nacido en 1972, es el cantante más popular y querido de Jordania. Compositor de canciones de inspiración tradicional, es conocido por himnos como *Hashemi, Hashemi y Jeishaina*. Debutó en el escenario del Festival de Gerasa.

Ahmad Abugaush

Aunque sea de origen palestino, Ahmad Abugaush es un deportista que ha representado a Jordania en taekwondo. Nacido en 1996, es el primer deportista jordano en ganar una medalla de oro en unos Juegos Olímpicos. Abugaush consiguió el metal dorado en Río de Janeiro en 2016, en la categoría de menos de 68 kilos. Fue recibido como un héroe en el aeropuerto de Amán a su regreso a casa, antes de visitar el palacio real y ser felicitado por el rey Abdalá II y la reina Rania al-Yassin. Posteriormente, Abugaush ganó la medalla de plata en los campeonatos del mundo de Mánchester en 2019.

Diana Karazon

Nacida en Kuwait en 1983, esta joven se educó en Amán. Su carrera comenzó de la mano de su padre, músico y miembro de la Asociación de Artistas Jordanos. Dedicó una de sus canciones al rey Husein. Es la estrella femenina de la canción jordana.

Abdalá II.

River Foundation, que se centra en el desarrollo de la artesanía y el trabajo de las mujeres en las aldeas. También ha hecho de los derechos de la mujer su principal objetivo. En 2017, visitó un campo de refugiados de rohinyás birmanos en Bangladesh para hacer un llamamiento a la comunidad internacional sobre el grave problema que sufre el pueblo rohinyá.

Hussein Al Salman

No cabe duda de que todas las jóvenes jordanas están enamoradas de este icono de la nueva generación de la canción del país. Como sus predecesores, también ha pasado por el Festival de Gerasa.

Reina Rania

Rania es la esposa del rey Abdalá y la actual reina de Jordania. Nacida en 1970 en Kuwait, en el seno de una familia adinerada de origen palestino, se graduó en la American University de El Cairo. En 1993 se casó con el príncipe Abdalá, que sucedió a su padre en el trono de Jordania seis años más tarde. Es la segunda mujer palestina, después de Alia, en ascender al trono hachemita. Es un pilar de apoyo para el rey Abdalá II, cuyas convicciones reformistas se enfrentan a una oposición islamista muy presente en el Parlamento y a los arcaísmos de una sociedad conservadora.

Rania es madre de cuatro hijos y apoya muchas causas humanitarias. Ha establecido su propia fundación, la Jordan

Mona Saudi

La escultora, poeta y activista Mona Saudi nació en Amán en 1945. A los 17 años abandonó el hogar familiar para estudiar en Beirut sin el consentimiento de su familia. Después se trasladó a París para estudiar en la Escuela Nacional Superior de Bellas Artes, donde se graduó en 1973. Sus creaciones monumentales, esculpidas en piedra, le valieron el reconocimiento internacional, y a menudo se hace referencia a ella como la artista jordana más conocida en el extranjero. De su obra se podría destacar la escultura de mármol *Spiritual Geometry,* instalada frente al Instituto del Mundo Árabe (IMA) en París. Su última exposición (colectiva) fue «Lumières du Liban» en el IMA en 2021. Falleció en febrero de 2022 en Beirut.

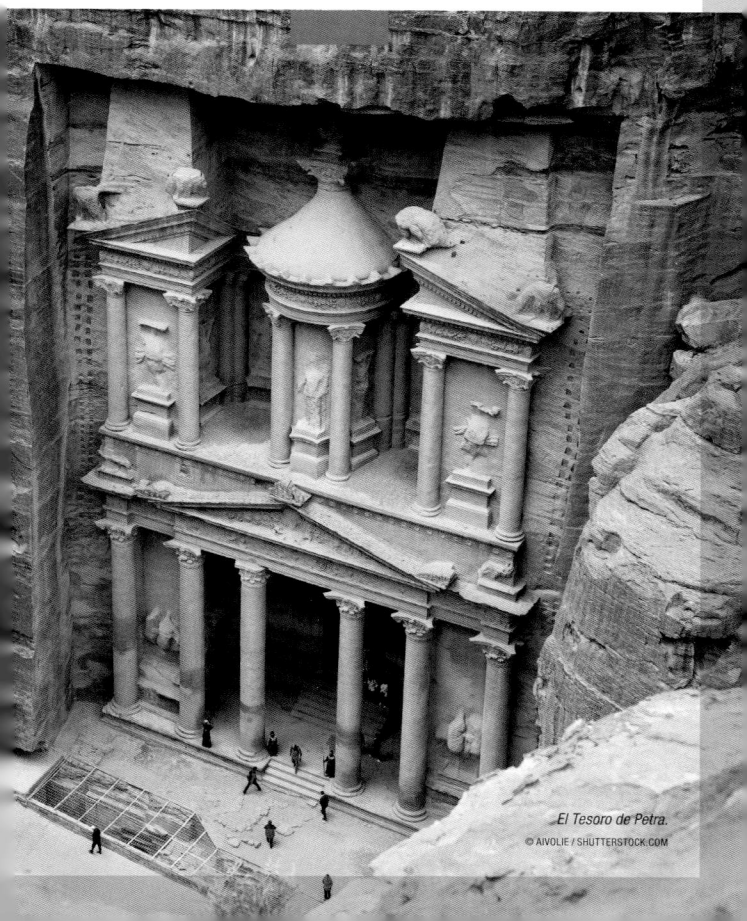

VISITA

El Tesoro de Petra.
© AIVOLIE / SHUTTERSTOCK.COM

AMÁN

Dado el limitado número de atracciones turísticas, a menudo se aconseja no dedicarle a la capital más de medio día. Sin embargo, si quiere experimentar toda la energía y el ambiente que ofrece, hay que destinarle como mínimo un día. Le recomendamos aventurarse en los zocos del centro, subir a la ciudadela al atardecer o visitar el teatro antiguo de Amán.

Dejando a un lado el tema de su aspecto histórico, la capital no deja de reinventarse. La ciudad vieja ha cambiado de cara tras llevarse a cabo una reordenación urbanística, y los nuevos establecimientos de Rainbow Street le han dado un toque de modernidad a la capital. Allí hay que detenerse a tomar una limonada en uno de los bares de moda o un aperitivo saludable, o visitar una galería de arte ubicada en un restaurante.

Más tarde, échele un vistazo al barrio de Al Abdali, el «nuevo centro de la ciudad», donde abundan los grandes hoteles de lujo, las tiendas de marca y el inmenso centro comercial Abdali Mall. Es verdad que Amán suele ser solo el punto de partida para muchos turistas, pero la capital merece ser descubierta con tiempo. Si quiere quedarse varios días, lo mejor es alojarse en los hoteles del norte de la ciudad, más económicos.

BARRIOS

Casco viejo

El casco viejo es la única parte de la ciudad que ha conservado un auténtico carácter de Oriente Próximo, aunque esté lleno de tiendas para turistas. No deje de visitar el mercado de frutas y verduras, las numerosas tiendas de especias que bordean las calles y hacer una parada en un pequeño café, un bar de zumos o restaurante para vivir una experiencia auténtica. Esta parte de Amán siempre está abarrotada de gente y es muy ruidosa (¡evítela si va en coche!), con vendedores ambulantes de todo tipo por todos lados, tiendas de telas, ropa tradicional, zocos repletos de productos chinos y abigarradas baratijas… pero para eso ha venido, ¿no? Este animado barrio también alberga la mayoría de los hoteles económicos. Además, encontrará tiendas de esencias orientales, CD y DVD de estrellas de la música árabe y cines locales con carteles anticuados.

Hay pequeños pasajes que comunican calles más anchas. Otras calles serpentean hacia las colinas (jabal) circundantes, lo que le da al barrio un aspecto laberíntico. La ciudad vieja está

La luz de la ciudad de Amán.

VISITA

dominada al sur por una colina coronada por la mezquita de Abu Darwish. A pesar de su carácter popular, la zona no es peligrosa durante el día. Las mujeres deben evitar ir los viernes por la tarde con ropa demasiado corta o ajustada (el barrio está desierto, así que tampoco tiene mucho sentido), y es mejor intentar no pasear solo, sobre todo por la noche, especialmente sabiendo que los taxis no cuestan casi nada.

Jabal Amman

Desde hace unos años, Rainbow Street se ha convertido en el lugar de moda de la capital. Se trata de una calle comercial muy agradable. Con sus salones de té bohemios, sus cafés de diseño, sus restaurantes sofisticados y sus tiendas de moda, es el espacio de encuentro de la juventud acomodada de la capital, que vienen aquí a cenar antes de salir de marcha, pero también de estudiantes, artistas y jóvenes que acuden en busca de un ambiente de estilo occidental para charlar, jugar a las cartas en la terraza o tocar la guitarra en las plazoletas. No pierda la oportunidad de pararse a charlar con toda esta gente mientras disfruta de las vistas de Amán al atardecer con una bebida en la mano. Durante el verano, no se pierda el mercadillo de los viernes (Souk Jara) que se celebra en el barrio, cerca del centro Wild Jordan. La atracción más distintiva de Rainbow Street es su mercadillo anual (Souk Jara), que reúne a más de cien puestos que venden una gran variedad de artículos, como cerámica, mosaicos, ropa y recuerdos.

Si dispone de tiempo, también puede explorar a pie las pequeñas calles residenciales en los alrededores de los círculos (o rotondas) primero y segundo, donde podrá contemplar elegantes villas, embajadas y multitud de cafés, restaurantes y tiendas de estilo occidental.

AMÁN

QATANEH

Rana Al Abdullah

Al-Shaheed

Estadio

AL-MADEENAH AL-RIYADIYAH

Al-Ghareb Nasser Bin
Al-Ghareb Nasser Bin

Al-Hayaqah

Al-Urdon

Al-Istiqlal

Centro cultural Royal

Al-Maleah Alia

Haroun Al-Rasheed

Al-Istiqlal

Gardenia
Misk

Budjet

Al Sharref Aboul Hammed

Regency Palace

Qasr Autel

Marriott

ASH SHUMAYSANI

Méridien Amman

Al-Urdon

JABAL AL-HUSSEIN

Sharef

Al Manar

Al-Malikah Noor

Al-Majek Al-Hussein

Khaled Bin Al-Waleed

JABAL AMMAN

Ameer Shaker Bin Zeid

JABAL AL-WEIBDEH

Parlamento

AL-ABADI

Toledo

Al-Malikah Noor

Suleiman Al-Nabulsi

Mezquita King Abdullah

Al-Hussein Ibn Ali

Caravan

Abu Al-Ala- Al-Ma'arri

-RADHWAN

Arar

Galería Nac. de Jordania

Canary

Zahran

Palacio Zahran

Arar

Hyatt

Al-Hashimi

hacia el centro

4.ª rotonda

Zahran

3.ª rotonda

Municipalidad

JABAL AMMAN

Al-Ameer Moh'd

Jordan-intercontinental

Royal

Abdul Mon'eim

Zahran

2.ª rotonda

Zahran

1.ª rotonda

Heritage House

Hisham

Al Ameerah Basma

Rainbows

Khirfan

Al-Amerah Basma

Wadi Abdoun

Ali Ibn Abi Talib

Omar Mayah

JABAL AL-AKHDAR

JABAL AL-NATHEEF

Al-Ameer Bin Al-Hussein
wiyyeen

Wadi Abdoun

0   600 m

Lugar de interés
Mezquita
Alojamiento
Alquiler de coches

Zahran Street

Zahran Street es un punto de referencia para el turista medio que se ha propuesto orientarse solo en Amán. Una vez que conozca la ciudad vieja y las rotondas o círculos a lo largo de Zahran Street, todo será más fácil, y las enormes avenidas se volverán un poco más familiares. Aquí, en el tercer círculo, está la embajada de España.

Rainbow Street también sirve como punto de referencia, ya que comienza en la primera rotonda y continúa hacia el este, hacia el casco antiguo, siguiendo calles estrechas y sinuosas. En la dirección opuesta (segunda rotonda), se convierte en Al Khuliyah Al Islamiyah Street y luego en Zahran Street (a partir de la tercera rotonda). A partir de ahí, la calle se convierte en una avenida de varios carriles que ya no es de escala humana. A lo largo de esta

autopista urbana, descubrirá gigantescos hoteles de lujo, en particular alrededor de la tercera rotonda (Royal y Hyatt), la quinta rotonda (Sheraton y Four Season) y la sexta (Crowne Plazza). A ambos lados de esta arteria se encuentran los distritos residenciales de Al Swaifyeh al sur y Umm Uthainah al norte, con algunos centros comerciales occidentales.

Jabal al-Weibdeh y Jabal al-Hussein

Jabal al-Weibdeh y Jabal al-Hussein son las partes más antiguas de la ciudad. Lejos de los centros comerciales de los alrededores, el distrito de Jabal al-Weibdeh parece un pequeño pueblo. Además de las galerías de arte, aquí se encuentra el Instituto Francés o la plaza de París, donde los jóvenes jordanos se reúnen al caer la noche. Estos dos barrios están dominados

© TOM PEPEIRA – ICONOTEC

Museo de la Ciudadela. Detalle decorativo.

por la cúpula azul de la mezquita más grande de la ciudad, la mezquita del rey Abdalá I, un verdadero símbolo para los jordanos.

En el centro se encuentra la estación de autobuses de Abdali, desde donde salen todos los autobuses hacia el aeropuerto y los de la compañía Jett, una información muy conveniente para los mochileros. La ventaja de estos dos distritos residenciales es que ofrecen algunos alojamientos muy tranquilos para presupuestos medios cerca de la estación de Abdali, pero cerca también del casco antiguo, de Jabal Amman y de Ash Shumaysani, donde se encuentran los principales atractivos turísticos de la ciudad.

Ash Shumaysani

Es el distrito financiero, donde se localizan la mayoría de los hoteles de gama media y alta. Aquí también está la plaza Al Malek (o King) Abdullah, desde donde parte la gran avenida en la que se ubican todas las oficina de alquiler de coches, los garajes, los concesionarios de coches de lujo, las gasolineras y también tiendas de ropa de gama alta. Las cadenas de comida rápida estadounidenses han establecido sus locales en esta zona, al igual que las grandes corporaciones extranjeras (sobre todo compañías aéreas). Además, cuenta con un gran parque deportivo, y más al norte está la Universidad de Jordania.

VISITA

QUÉ VER – QUÉ HACER

Casco viejo ⭐

■ **CIUDADELA (JABAL AL-QAL'A)** ⭐⭐
Jabal al-Qal'a
✆ +962 6463 8795
Monumento emblemático de la antigua Filadelfia, la ciudadela de Amán merece una visita, tanto si es aficionado a la arqueología como si no lo es. Ofrece una vista extraordinaria de la ciudad y sus colinas, salpicadas de edificios de piedra de color beis, muy juntos unos de otros. La ciudad antigua y el teatro romano se encuentran a sus pies, mientras que los minaretes de las mezquitas rompen con su verticalidad la uniformidad arquitectónica de la ciudad. Al caer la noche, los almuédanos entonan su emotiva llamada a la oración y las luces de neón de las mezquitas tiñen el cielo negro

de verde, que aparece entonces como una aurora boreal. Si va en un coche con conductor, pídale que entre por el norte (Salah Ad-Din al-Ayoubi St.) para disfrutar de unas vistas increíbles de la ciudad y de la ciudadela, que se alza majestuosa antes del ocaso. El lugar es muy agradable para pasear y las familias jordanas vienen aquí los fines de semana para hacer un pícnic. En verano es mejor acudir temprano por la mañana para evitar las horas de calor. La visita dura entre 2 horas y medio día.

▶ **Historia.** La colina en forma de L fue ocupada mucho antes de que se construyera la ciudadela. Aquí se descubrió una tumba del año 1650 a. C. que contenía cerámica. En 1961 se halló una inscripción en una lápida de piedra caliza en muy buen estado de conservación.

El texto, el más antiguo en lengua amonita, data del 800 a. C. Las distintas civilizaciones que ocuparon la región, desde los asirios en el siglo VIII a. C. hasta los omeyas en el siglo VIII d. C., dejaron sus huellas en la colina de Qal'a. Se sabe que los griegos construyeron la ciudad de Filadelfia, cuyo poder era conocido en todo el imperio, pero no dejaron ninguna huella visible en el lugar. Durante el reinado del emperador romano Marco Aurelio (160-181) la ciudad fue reestructurada y pasó a formar parte de la Decápolis. Para ello se basaron en los planos del templo de Artemisa en Éfeso, una de las siete maravillas del mundo. Los bizantinos construyeron una iglesia y los omeyas, por su parte, añadieron una mezquita y un palacio

▶ **La ciudadela inferior.** Desde la entrada al yacimiento, un sendero en suave pendiente asciende hasta la cima de la meseta de la colina de al-Qal'a. Hay algunas ruinas mal documentadas y una cueva que sirvió de vivienda, pero no es accesible. También se pueden ver los restos de las fortificaciones romanas.

▶ **El templo de Hércules.** Construido cuando Geminio Marciano (162-166) era el gobernador romano de la provincia de Arabia Pétrea, el templo de Hércules podría estar sobre un edifico amonita más antiguo. Mide 30 x 24 metros y cuenta con un santuario anexo más pequeño. Es el monumento más antiguo de la poderosa Filadelfia. Aquí es donde los romanos veneraban al semidiós Hércules, el hombre de los doce trabajos. En la entrada del templo se encontraba una estatua gigantesca, como demuestra el fragmento de una mano que ahora yace a sus pies. Del templo solo quedan las columnas altas y un fragmento del dintel. El mármol desaparecido se habría utilizado como material de construcción para la iglesia bizantina cercana. Sin embargo, no se ha excavado todo el edificio, así que podrían aparecer nuevos elementos.

▶ **El museo arqueológico.** Si le interesa la historia antigua de Jordania, debería visitar este museo un tanto anticuado, donde se exponen algunas piezas increíbles. Las colecciones se presentan cronológicamente desde el Neolítico hasta la ocupación romana. Los objetos se describen en inglés. Entre las obras más destacadas están las extrañas estatuas antropomórficas de Ain Ghazal. Tienen 10 000 años de antigüedad y se encuentran entre los ídolos más antiguos del mundo. El cuerpo es rudimentario y abstracto, pero los detalles de los rostros son notables. Se ven claramente la boca y las fosas nasales, pero sobre todo los ojos en relieve, pintados de negro gracias a una incrustación de betún. El material se ha modelado a mano sobre un entramado de cañas ligadas entre sí para construir una estructura interna a modo de esqueleto. Este entramado está recubierto de yeso, que previamente ha sido cocido, lo que demuestra el dominio de las altas temperaturas. La estatua bicéfala es la más notable. En Ain Gazhal se han descubierto un total de quince estatuas del mismo tipo. Una de ellas está cedida al Louvre y la otra al Louvre de Abu Dhabi.

A la derecha de la sala verá cráneos de 7000 años de antigüedad procedentes de la antigua ciudad de Jericó, la más antigua del mundo. Fueron cubiertos con arcilla durante un rito funerario. Todas las vitrinas adyacentes muestran restos encontrados en Jericó, entre ellos unos cráneos trepanados.

En la sección de la «Edad del Hierro II», podrá admirar la estatua de Yerah «Azar, hijo de Zakir, hijo de Sanipu», esculpida entre el 700 y el 800 a. C. Este rey amonita revela en sus rasgos y en su simbología la influencia de Egipto, su poderoso vecino, especialmente la flor de loto que lleva en la mano izquierda cruzada sobre el vientre, símbolo real utilizado por los faraones del Nuevo Imperio egipcio, copiado por los asirios y los arameos. También se aprecia la vestimenta de los dignatarios arameos, lo que refleja las diversas influencias regionales de la época en que fue creada.

El museo también alberga una reproducción de la estela de Mesa. Su texto, escrito en una variante del fenicio, cuenta cómo el dios moabita Quemos se enfadó con su pueblo por haberse dejado seducir por Israel y cómo acudió en ayuda del rey Mesa para liberar a los moabitas del yugo del pueblo judío. Esta estela fue descubierta en 1868 por un misionero alemán en la localidad de Dhiban. El descubrimiento pronto despertó el interés de británicos, franceses y alemanes por hacerse con él. El arqueólogo francés Clermont-Ganneau consiguió hacer una impresión de la estela antes de que fuera destruida por los beduinos, enfadados por la presión otomana para venderla a los alemanes. El Museo del Louvre conserva una copia de la reconstrucción de la «Piedra Moabita» realizada a partir de fragmentos parciales del original.

Por último, el museo también alberga unos magníficos sarcófagos antropomórficos de arcilla utilizados en la Edad del Hierro, entre los siglos XIII y VIII antes de nuestra era.

▶ **La iglesia bizantina.** Al noreste del templo de Hércules, de camino a la terraza superior, nos encontramos con las ruinas de una iglesia bizantina de dimensiones más bien modestas. Data del siglo V o VI, y se construyó con material del templo de Hércules. Se han descubierto una serie de mosaicos. Las excavaciones intermitentes sugieren que la ciudad bizantina se extendía por toda la colina. Veinte metros más adelante hay una gran cisterna redonda de cinco metros de profundidad. Podía contener 1000 m^3 de agua de lluvia y abastecía al palacio omeya. Junto a ella se hallan los restos de una prensa de aceitunas.

▶ **La mezquita omeya.** La mezquita anexa al palacio omeya se construyó hacia el año 730 en el punto más alto de la colina. Por desgracia, no queda nada de los techos abovedados. Solo se conservan siete hileras de columnas dispuestas alrededor de un patio central y parte del muro sur.

▶ **El palacio omeya.** Se dice que este monumento fue construido hacia el año 720 por los omeyas, durante el reinado del califa Hisham. Auténtico testimonio del esplendor de la época, constaba de nueve barrios residenciales que daban a un patio central. Solo la sala de audiencias sobrevivió al terremoto del año 749. Está construida sobre los cimientos de una antigua iglesia bizantina (de ahí su planta en forma de cruz) y está cubierta con una cúpula de madera añadida en 1998. Todavía se pueden admirar los patrones geométricos finamente tallados en la piedra, heredados de la tradición

VISITA

bizantina. El palacio estaba equipado con baños termales, cuyas tuberías se remontan a la época romana. Detrás de la sala, un patio conduce a un callejón de columnas que debía ser el corazón del barrio administrativo. Al final del callejón hay otra plaza y los restos del actual palacio omeya. La distribución de los barrios muestra la jerarquía existente en la ciudad, que termina en un patio porticado que conduce a la sala del trono.

■ COMPLEJO DEL TEATRO ROMANO ★★

Al Hashemi Street

El foro y el teatro eran el epicentro de la vida comercial y cultural del Imperio romano. En Filadelfia, considerada en su día la capital de la provincia romana de Arabia Pétrea, el teatro estaba adosado al Jabal Al Taj y estaba precedido por una inmensa plaza que servía de principal punto de encuentro y mercado. En el lado oriental, un teatro más pequeño, el Odeón, cerraba la plaza. En la actualidad, el teatro romano alberga dos museos: el Museo Jordano de Tradiciones Populares y el Museo del Folclore Jordano.

▶ **El Foro.** El acceso al complejo del teatro romano se realiza a través del antiguo foro. Esta enorme plaza abierta, hoy arbolada, era una de las más grandes del Imperio romano. Mide 100 x 50 metros. Estaba delimitada al norte por el Gran Teatro y la colina del Taj, y al este por el Odeón, un teatro más pequeño. También estaba bordeada de columnatas utilizadas por los mercaderes, de las que hoy solo queda una fila frente al teatro principal. Las vías principales conducían al Foro, en particular al *cardo maximus,* la principal

vía norte-sur que existía en todas las decápolis romanas. Aquí se reunía la población de la ciudad. De hecho, sigue siendo un lugar animado donde se reúnen los habitantes del casco viejo, sobre todo en las tardes de verano. Se acomodan en las terrazas para ver partidos del fútbol egipcio o simplemente vienen a charlar sentados en las escaleras que descienden hasta la explanada. Al entrar en el recinto, a la derecha hay una taquilla. Ahí es donde deberá pagar el precio de la entrada al teatro romano o mostrar su Jordan Pass.

▶ **Teatro romano.** Sus pasos le llevarán directamente al imponente teatro romano, situado adosado al Jabal Al Taj. Desde lo alto de sus gradas podrá contemplar más de veinte siglos de historia. Su construcción se remonta al reinado de Antonino Pío (138-161), considerado uno de los gobernantes más pacíficos que ha conocido el Imperio romano. El teatro tenía capacidad para seis mil espectadores. Excavado en la montaña, cumplía los estándares de los teatros romanos de la época. En épocas ya más modernas, los romanos cambiaron los métodos de construcción de sus teatros, y los edificaron en piedra para que fuesen permanentes. A diferencia de los antiguos teatros griegos, los teatros romanos estaban delimitados por un muro escénico que se elevaba hasta la altura de las gradas. La forma semicircular de las gradas, denominada *cavea*, se conservó por razones acústicas y visuales. Los espectadores podían verlo y oírlo todo, independientemente de si estaban sentados en la primera o en la última fila. La *cavea* del teatro de Amán está dividida en tres niveles. El nivel inferior (*prima cavea*) estaba reservado a los gobernantes y patricios. El nivel medio (*media cavea*) lo ocupaban los miembros del ejército, mientras que la población civil se sentaba en las últimas filas (*summa cavea).* En la parte superior de las gradas verá que hay un nicho. Albergaba una estatua de la diosa Atenea, actualmente en el Museo de Jordania. Cada nivel está delimitado por un *praecinctio,* un pasadizo que permitía a la gente desplazarse. La pendiente de las gradas estaba ideada a conciencia, normalmente con una inclinación de 30 grados: se diseñó así para permitir que el sonido se desplazara hacia arriba sin reverberar y para que la gente pudiera sentarse sin ser molestada por el de delante. El foso, u *orquestra*, está rodeado por las gradas y se orienta hacia el escenario, ubicado un poco más elevado. Los actores se colocaban en los nichos (*pulpitum)* a los pies del escenario durante las declamaciones extensas o en determinados diálogos. Las columnas a lo largo del escenario servían como decoración para las escenas de exterior, mientras que en la pared del escenario figuraba un palacio y se utilizaba como decoración para las escenas de interior. El acceso al interior se realiza a través de un pasillo que sale de cada extremo de la orquesta. Durante años, el teatro fue objeto de un vasto proyecto de excavación. Actualmente restaurado, se utiliza a veces para espectáculos de danza y música tradicionales en verano (pregunte en la oficina de turismo).

▶ **Museo del Folclore Jordano.** Se encuentra a la izquierda al entrar en el teatro. Presenta una colección de objetos típicos del país: instrumentos musicales, armas, una gran tienda beduina de pelo de cabra con dos compartimentos (hombres a un lado, mujeres al otro), teteras, alfombras, telares, hermosas joyas de oro y coral del mar Rojo, etc. No se pierda las fotos en blanco y negro de Amán que hay en la entrada del museo.

▶ **Museo Jordano de Tradiciones Populares.** Se halla a la derecha al entrar en el teatro y no es muy diferente del Museo del Folclore Jordano. En un recinto pequeño se exponen objetos beduinos (trajes tradicionales, joyas, etc.), marquetería, ejemplos de la rica artesanía local (alfombras, sillas de montar, etc.) y trajes tradicionales palestinos. La colección se completa con mosaicos bizantinos y cerámicas procedentes de excavaciones en Mádaba y Gerasa.

▶ **Odeón.** Aunque menos impresionante que el teatro romano, merece la pena visitarlo. Construido en el siglo II, se utilizaba principalmente para actuaciones musicales y reuniones políticas, con capacidad para seiscientas personas.

■ **GRAN MEZQUITA AL-HUSSEIN**
King Talal Street
La histórica Gran Mezquita de Amán vigila el casco viejo. La ciudad antigua se extiende en torno a ella y sus dos altos minaretes. Fue construida en 1932 por el rey Abdalá I en el estilo otomano, sobre los cimientos de una antigua mezquita que data del año 640. Se dice que esta última se levantó sobre la antigua catedral de Filadelfia. Está en proceso de renovación desde 2021 y no se sabe cuándo terminarán las obras.

■ **NINFEO**
Esta gran fuente pública estaba dedicada a las ninfas, criaturas mitológicas

con forma de chicas jóvenes, que se asociaban con las fuentes, los bosques y las montañas. Data del año 191 e incluía un gran estanque de 600 m². Contaba con dos plantas adornadas con columnas y recámaras decoradas con mosaicos y grabados. La planta inferior era de mármol y la superior de yeso pintado. Estaba coronada por una cúpula y el agua brotaba de las cabezas de los leones talladas en el receptáculo. La piscina de granito rosa se añadió en época bizantina.

■ PALACIO REAL DE RAGHADAN
Al Urdon Street
La antigua residencia de la familia real se encuentra en una colina aislada. Construido en 1926, fue Abdalá I quien escogió este palacio como residencia. Se pueden ver (desde muy lejos) las armas de la dinastía hachemita sobre el portal. Pero no espere entrar ni siquiera en los jardines, las visitas están totalmente prohibidas. El palacio de Raghadan sigue cumpliendo funciones oficiales: es el lugar donde se recibe a los jefes de Estado visitantes o donde los nuevos embajadores presentan sus credenciales.

■ SOUK (ZOCO)
En el casco viejo.
Entre las calles King Talal y Quraysh.
En Amán no hay un verdadero zoco antiguo o cubierto como en Damasco o Jerusalén. Sin embargo, este zoco cuenta con los componentes clásicos de los mercados árabes: callejuelas, puestos repartidos a lo largo de la acera y talleres de todo tipo agrupados según los diferentes oficios (herrería, carpintería, joyería, alfombras…), mercados de verdura y fruta, animales vivos y, sobre todo, una actividad incesante. Se pueden comprar especias, oro, joyas, perfumes orientales, ropa, pañuelos de todos los colores y baratijas para turistas.

© IRÈNE ALASTRUEY – AUTHOR'S IMAGE

Mercado de frutas y hortalizas del casco viejo.

Jabal Amman

■ **FORESIGHT32 ART GALLERY**
32 Ibn Al Rumi Street
℘ +962 6556 0080
www.foresightartgallery.com
foresightart@gmail.com
Entre la quinta y la sexta rotonda.
Esta gran galería privada participa activamente en la difusión del arte en Jordania. Presenta las exposiciones de los artistas en superficies más grandes que las de las galerías tradicionales, lo que le permite organizarlas de forma original. La galería pretende ser una cantera de artistas nacionales y mostrar una cara diferente del arte jordano. Además de las muestras de pintura y escultura, también podrá asistir a la presentación de ceramistas contemporáneos que perpetúan y reinventan con talento el arte de la cerámica.

■ **ORFALI ART GALLERY**
46 Al-Koufeh Street
℘ + 962 6 552 69 32
www.orfali.net
orfali.amman@yahoo.com
Entre la quinta y la sexta rotonda.
Se trata de una excelente galería de arte situada en el lujoso barrio de Umm Uthainah, donde exponen artistas árabes contemporáneos y, excepcionalmente, ingleses, italianos o neozelandeses. Se inauguró en 1993 a instancias de un coleccionista privado apasionado por el arte contemporáneo. Además de la galería, hay un centro de arte que ofrece cursos de dibujo, cerámica, escultura y artes gráficas para niños y adultos. Si se encuentra en los alrededores, no dude en entrar, aunque solo sea por curiosidad.

© VISIT JORDAN

Estatuilla de Ain Ghazal

■ **MUSEO DE JORDANIA** ★★
Ali Bin Abi Taleb Street
℘ +962 6462 9317
jordanmuseum.jo
info@jordanmuseum.jo
Justo al lado del Ayuntamiento, en el nuevo centro de Amán.
Inaugurado en 2005 para promover el patrimonio arquitectónico e histórico de Jordania, el Museo de Jordania recorre la historia del país desde la más remota antigüedad, mediante los numerosos descubrimientos realizados por los arqueólogos desde finales del siglo XIX. El museo consta de tres galerías principales (Historia y Arqueología, Estilos de vida tradicionales, y Jordania actual), en las que se exponen unos dos mil objetos presentados siguiendo una lógica histórica y temática. La colección es bastante rica y da una idea bastante adecuada de la evolución de esta región habitada desde hace al menos 500 000 años.

Contiene algunos tesoros de valor incalculable, como la estatua bicéfala de Ain Ghazal, una estatua antropomorfa de 10 000 años de antigüedad, o fragmentos de los Manuscritos del mar Muerto.

▶ **Estatua bicéfala de Ain Ghazal.** Forma parte de una serie de quince estatuillas encontradas en el yacimiento de Ain Ghazal, que ahora es uno los suburbios de Amán. Está hecha de yeso cocido sobre un armazón de caña. Esta técnica demuestra el avance de esta civilización neolítica, ya que para cocer el yeso se requería una temperatura al menos 900 °C.

▶ **Manuscritos del mar Muerto.** Aquí se conserva parte de los manuscritos descubiertos en Qumrán (Palestina) entre 1947 y 1956. Los textos antiguos, escritos en su mayoría en pergamino o papiro, se refieren al *Antiguo Testamento*. El Museo de Jordania posee el único manuscrito escrito en una hoja de cobre.

■ **WADI FINAN ART GALLERY**
4 Moh'd al Shareebi Street
✆ +962 79 596 6623
wfinangallery.com
info@wfinangallery.com
En esta galería de arte situada en el barrio de moda de Rainbow Street exponen una amplia gama de artistas árabes, algunos de ellos muy jóvenes y con mucho talento. Tiene el don de detectar futuros talentos y ofrecerles un espacio agradable para mostrar su obra. Las exposiciones, a menudo de corta duración, están abiertas al público. Basta con abrir la puerta para descubrir la prolífica escena artística contemporánea del mundo árabe. La galería, como la mayoría de sus homólogas, organiza talleres para que adultos y niños descubran el arte contemporáneo.

Jabal al-Weibdeh y Jabal al-Hussein

■ **DARAT AL FUNUN – THE KHALID SHOMAN FOUNDATION** ★★
Nadim Al-Mallah Street
✆ +962 6464 3251
www.daratalfunun.org
darat@daratalfunun.org
Se accede por la calle en «U» que sale frente al Cliff Hotel en la ciudad antigua.
Darat Al Funun significa «Casa de las Artes» en árabe. Se trata de un lugar dinámico creado en 1993 por Khalid Shoman, un destacado palestino que lleva toda su vida involucrado en el arte árabe contemporáneo. La galería expone la obra de los artistas regionales a través de su colección permanente, que incluye a artistas de renombre, como Ismail Fattah (Irak) o Nasser Soumi (Palestina). También organiza exposiciones temporales de pinturas, esculturas, fotografías, instalaciones, etc., con el fin de dar a conocer a los artistas emergentes. La Casa de las Artes también alberga una biblioteca de libros sobre arte y recibe a pintores y escultores en residencia. Y además de las exposiciones, organiza proyecciones de películas de autor, conciertos, lecturas y debates. La institución pretende ser un verdadero lugar de intercambio y no solo un foro estático.

▶ **La casa.** Darat Al Funun ocupa una de las casas más antiguas de la ciudad. Fue construida en 1920 por una familia de renombre de la capital, como todas las de esta zona residencial de Jabal

Mezquita Al-Hussein Ben Talal.

VISITA

al-Weibdeh. Dominaba la pequeña ciudad circasiana que se convirtió en la gigantesca Amán unas décadas más tarde. En el exterior de la propiedad se encuentran los restos de una de las muchas iglesias bizantinas que existieron en Filadelfia (siglo VI), posiblemente dedicada a san Jorge. El jardín abierto de la parte trasera del edificio, decorado con esculturas, alberga un agradable salón de té.

■ JORDAN NATIONAL GALLERY OF FINE ARTS

Hozni Fareez Street
☎ +962 6463 0128
www.nationalgallery.org
info@nationalgallery.org
A 5 minutos a pie de la mezquita del rey Abdulá I.
Renovada en 2005, la Galería Nacional de Bellas Artes de Jordania consta de dos edificios enfrentados en torno a un pequeño parque. El primer edificio alberga la colección permanente y la taquilla, mientras que el segundo acoge las exposiciones temporales. La galería muestra lo mejor del arte contemporáneo de Jordania y del mundo árabe y musulmán en general. Pintura, escultura y cerámica son algunas de las artes representadas en la institución. Las exposiciones gozan de una excelente reputación.

■ MEZQUITA DEL REY ABDALÁ I

Suleiman al-Nabulsi Street
A 100 m de la antigua estación de autobuses de Abdali.
La construcción de esta mezquita, la más grande del país, tardó siete años en completarse. Erigida entre 1982 y 1989 en honor del abuelo del rey Huséin, Su Majestad as-Sayyid Abdalá I, primer rey de Jordania, la mezquita es la más moderna e imponente del país. Su gigantesca cúpula azul, revestida de mosaicos con motivos geométricos, domina la ciudad.

Bajo los 35 metros de diámetro de la cúpula, la sala de oración puede acoger a tres mil fieles. En los días de mayor afluencia, como las oraciones del viernes durante el Ramadán, el patio exterior puede acoger a otros seis mil fieles. En el interior, el techo de la cúpula azul está salpicado de finas bandas doradas, en representación del sol, el azul simboliza el cielo y las líneas los 99 nombres de Alá. Los versos del Corán están inscritos en un enorme candelabro de tres brazos. La alfombra roja simboliza la fertilidad; conduce al mihrab, el nicho que indica la dirección de La Meca, hacia el que todo fiel debe dirigirse para rezar. En el sótano hay un pequeño museo islámico, en el que se muestran efectos personales del rey Abdalá I, fotos y arte islámico.

Los no musulmanes pueden visitar la mezquita fuera de las horas de oración. Las mujeres deben llevar un traje que cubra brazos, piernas y cabeza. Para ello, le proporcionan una abaya negra con capucha a la entrada.

Los hombres deben llevar pantalones (no pantalones cortos). No olvide quitarse los zapatos antes de entrar en la sala de oración.

■ MARTYRS' MEMORIAL MUSEUM

Martyrs Memorial Park
✆ +962 6 566 4240
Dentro del recinto de la Ciudad Deportiva.

Quizá no sea una coincidencia que el monumento a los mártires, ideado por el rey Huséin en 1977, se instalara en el enorme parque que incluye el estadio nacional, la piscina olímpica y muchas otras instalaciones deportivas. Los jóvenes no deben olvidar a los antepasados que lucharon por la independencia de Jordania y el destino del mundo árabe. Museo y monumento conmemorativo, el gran cubo de piedra dorada característica de Amán alberga una exposición permanente que recorre la historia militar del país, desde la Gran Revuelta Árabe de 1916 hasta la actualidad.

Mezquita del rey Abdalá I.

■ ORIENT GALLERY

92 Al Suweis Street
℃ +962 6 593 1331
www.orientgallery.net
info@orientgallery.net

La Orient Gallery es otra galería dedicada a mostrar la obra de artistas árabes emergentes. Representa a artistas de Jordania, Líbano, Siria, Irak, Palestina, Kuwait, Bahrein y Qatar. Su notable y aclamado trabajo contribuye a fomentar la pintura en el mundo árabe, con una selección de artistas con un gran poder de convocatoria. La galería, que abrió sus puertas en 1996, cuando el arte estaba reservado a una intelectualidad abierta al mundo, ha reunido una colección permanente que se exhibe en sus paredes junto a exposiciones temporales.

■ THE ROYAL AUTOMOBILE MUSEUM

King Hussein Park
℃ +962 6541 1392

Los aficionados a las bellas carrocerías disfrutarán del lugar. Este museo, inaugurado en 2003, fue creado por el rey Abdalá II en memoria de su padre, que era un entusiasta del motor. La colección presenta más de 80 vehículos que pertenecieron al rey Huséin: coches de rally, la limusina blindada de la marca Bentley, coches deportivos, vehículos militares, berlinas familiares, motos para pistas de arena del desierto e incluso bicicletas… La colección muestra una buena parte de la historia del automóvil, desde la posguerra hasta la actualidad. Pequeñas instalaciones de vídeo acompañan el recorrido, mostrando al rey Huséin montando sus coches. Parece que la pasión se ha transmitido de padre a hijo, ya que los vehículos del rey Abdalá II se han añadido a la colección. Una cosa le quedará clara pronto: la familia real parece tener un gran interés por el fabricante alemán Mercedes, que está ampliamente representado en el recinto. Además de esta pequeña retrospectiva de la firma alemana, hay marcas de prestigio que han hecho historia en la industria del automóvil, como Aston Martin, Rolls Royace, Bentley, Lincoln, Cadillac… El coche más antiguo data de 1916 y fue importado por Husáin ibn Ali, el abuelo del rey Huséin, héroe de la Gran Revuelta Árabe. El museo cuenta con una réplica de la primera moto inventada en 1886. Los vehículos están perfectamente mantenidos y, al parecer, todos están en condiciones de circular.

Ash Shumaysani

■ DAR AL-ANDA ART GALLERY

Jabal al-Weibdeh
3 Dhirar Ben Al-Azwar Street
℃ + 962 6462 9599
www.daralanda.com
info@daralanda.com

La galería de arte Dar Al-Anda está ubicada en dos antiguas casas de la vieja Amán. La primera, que alberga la galería propiamente dicha, ha sido cuidadosamente restaurada con azulejos originales que datan de la década de 1930. La segunda alberga una cafetería con una agradable terraza en la azotea que ofrece hermosas vistas de la ciudad. La galería se inauguró en 1998 y es una de las más destacadas del país. Con más de doscientas exposiciones en su haber, en las que han participado algunos de los artistas más conocidos del mundo árabe, con el paso de los años ha ido creando una interesante colección privada.

VISITA

REGIÓN DE AMÁN

Los alrededores de Amán ofrecen varias excursiones para visitar lugares de gran belleza.

WADI AS-SER

Esta pequeña ciudad, que hoy forma parte de la aglomeración urbana de Amán, fue fundada a finales del siglo XIX por una comunidad de circasianos procedentes del Cáucaso, en un fértil valle ideal para la agricultura. En la carretera hacia Iraq al-Amir, tras cruzar el río, se ve un gran acueducto romano y, un poco más adelante, un monasterio (Al-Deir) con la fachada tallada directamente en la roca. Según los lugareños, es más probable que el edificio se utilizara como palomar en la Edad Media que como monasterio.

IRAQ AL-AMIR ⭐

Ubicado en el valle del río Jordán, este antiguo pueblo otomano es un remanso de paz y naturaleza, con olivares, bosques de pinos y fuentes naturales. Alberga un impresionante castillo del siglo XVIII y no muy lejos hay una cuevas que fueron habitadas por arameos. La localidad forma parte de un amplio programa de rehabilitación iniciado a instancias de la fundación de la reina Noor.

■ QASR AL-ABD ⭐

Este castillo, construido en el siglo II a. C., probablemente durante las dos primeras décadas, es la principal atracción de Iraq al-Amir. Se erigió en un paisaje impresionante, en el corazón de un anfiteatro natural, en medio de un lago artificial totalmente seco en la actualidad. La estructura se distribuye en dos niveles y está equipada con cisternas para almacenar el agua de lluvia.

Destaca el impresionante tamaño de los bloques de piedra con los que fue construido el castillo. Algunos pesan más de veinte toneladas. Sin embargo, la fortaleza quedó muy dañada por el terremoto del año 362. Un equipo de arqueólogos franceses se dedicó a restaurarlo a principios de la década de 1980, intentando reconstruir parcialmente este gigantesco rompecabezas en 3D.

En la parte norte hay un pórtico con dos columnas decoradas con frisos que representan animales gigantes, principalmente leones y águilas. Estas esculturas muestran la influencia del arte griego y persa en la arquitectura de la época.

La planta baja se utilizaba como despensa y como pabellón para los guardias, mientras que el piso superior estaba reservado a Hircano.

Las opiniones de los historiadores son bastante divergentes en cuanto al papel de esta fortaleza. Muchos creen que era Tyros, la residencia privada de Hircano de Jerusalén, un poderoso líder de la dinastía Tobías y gobernador de la provincia de Amón en el imperio de Alejandro Magno. El historiador y jefe militar Flavio Josefo describe un castillo que bien

REGIÓN DE AMÁN

podría ser este en sus *Antigüedades judías* de finales del siglo I: «[Hircano] también erigió un fuerte castillo, que hizo construir de piedra blanca hasta el techo, y en él se esculpieron grandes figuras de animales. También cavó cuevas de muchos estadios […]; e hizo en ellas grandes salas, unas para festejar, otras para dormir y otras para vivir».

Qasr Al-Abd significa «castillo del esclavo». El nombre podría referirse al propio Hircano, quien, como gobernador, era «el esclavo del pueblo».

Pero una leyenda local cuenta una historia diferente: el palacio fue construido por un esclavo llamado Tobías, que estaba enamorado de la hija de su señor. Mientras el amo estaba de viaje, Tobías edificó un palacio y esculpió leones, panteras y águilas para demostrar a su señor su amor por su hija. Desgraciadamente, el señor regresó al castillo antes de que Tobías pudiera terminar su trabajo, y sus esfuerzos por pedir la mano de su hija en matrimonio fueron en vano. Existen algunas variantes a esta historia.

AS-SALT

As-Salt es una ciudad de casi 100 000 habitantes situada a 35 kilómetros al noroeste de Amán. Aunque no se sabe a ciencia cierta cuando se fundó, parece que fue construida durante el reinado de Alejandro Magno, y que fue llamada Saltus en la época romana, y luego bizantina, quizá en referencia a la cepa sultana que crecía en la región. La localidad siempre ha sido famosa por sus tierras particularmente fértiles en el valle del Jordán, donde se cultivaban olivos, viñas, tomates y melocotones. En ese momento, era considerada la localidad más importante de la orilla oriental del río Jordán, pero fue destruida por el ejército mongol y reconstruida bajo el reinado del sultán mameluco Baibars en el siglo XIII. La ciudad tuvo un importante papel administrativo en los siglos XIX y principios del XX, cuando los turcos dominaban la región, ya que estaba situada en el eje Amán-Jerusalén. En esa época vivió su época dorada, como lo demuestran los espléndidos edificios de arenisca amarilla, llamados *beit,* cuyas fachadas se pueden admirar en el casco antiguo de la ciudad. A finales del siglo XIX, los comerciantes de Nablus, en Palestina, se establecieron aquí para expandir sus negocios al otro lado del río Jordán, contribuyendo de forma significativa a su expansión. En 1920, fue designada capital cuando el príncipe Abdalá I llegó al poder en el recién creado reino de Jordania, pero después fue reemplazada por Amán. La nueva capital, con una población de 20 000 habitantes, se transformó a lo largo del siglo en una gran megalópolis, mientras que As-Salt conservó su encanto y su ambiente tranquilo.

FUHEIS (AL-FUHAYS)

Si dispone de un poco de tiempo, podría acercarse a Fuheis (Al-Fuhays), entre Amán y As-Salt. Esta pequeña ciudad cuenta con varios talleres artesanales, galerías y restaurantes agradables.

Es una localidad de unos 20 000 habitantes, poblada en un 95 % por cristianos (60 % de ellos ortodoxos), y alberga cinco iglesias. Conocida por su producción de fruta, aquí también se encuentra la mayor fábrica de cemento del país.

© VISIT JORDAN

Ciudad de As-Salt.

NORTE DE JORDANIA

El norte de Jordania sorprenderá a más de uno. La región se encuentra muy lejos de los desiertos del sur, y los paisajes se componen de valles y verdes colinas, cubiertos de bosques de pinos, olivares e higueras.

Regada por el Jordán y dos de sus afluentes (el Yarmuk y el Zarqa), la región que se extiende al norte de Amán es la zona más fértil del país.

Aquí abundan los cultivos de aceitunas y uva. Cuenta con dos reservas naturales: la de Dibeen y la de Ajlun, y una tercera está en la frontera con Israel y Siria, la reserva de Yarmuk, cerca de Umm Qais.

También es la región más poblada y, además de innumerables pueblos, hay grandes aglomeraciones como Irbid, la segunda ciudad del país, o, en menor medida, Gerasa. Grandes poblaciones palestinas se han instalado cerca de la frontera con Israel.

Aquí también encontrará las ciudades antiguas de Gerasa, Tabaqat Fahl (Pella) y Umm Qais (Gádara), que forman parte de los lugares del país que no debe perderse, además del castillo medieval de Ajlun.

GERASA

Cerca de la moderna localidad de Gerasa se encuentran las ruinas de la antigua ciudad romana homónima. Situado a unos cincuenta kilómetros al norte de la capital, en la carretera que conduce a Irbid, este lugar histórico es uno los imprescindibles si viaja a Jordania.

Las ruinas son las mejor conservadas de la Decápolis, la confederación romana de las diez ciudades de las que formaba parte Gerasa, uno de los emplazamientos romanos más bellos de Oriente Medio.

Las ruinas de la que fue una de las ciudades romanas más prósperas de Oriente Próximo fueron redescubiertas por casualidad en 1806 por un explorador alemán. Después se tardó más de un siglo en iniciar un trabajo de excavación serio bajo mandato británico.

Sepultadas bajo una gruesa capa de arena, las ruinas fueron desvelando sus secretos tras un arduo trabajo. Al oeste del yacimiento, a menos de 250 metros, en la orilla derecha del río, la ciudad moderna presenta menos interés, excepto quizá por sus coloridos mercados locales cerca de la gran mezquita.

ARCO DE ADRIANO ★★★

Este arco de 21 metros de altura se construyó en el año 129 en honor al emperador romano Adriano cuando visitó la Decápolis. Los planes preveían que el arco se convirtiera en la principal puerta de entrada a la ciudad, pero esta nunca se extendió hacia el sur. Cada una de las aberturas albergaba probablemente una puerta de madera. El arco fue reconstruido en la década de 1980 por arqueólogos jordanos. Fíjese en la corona de hojas de acanto tallada sobre la base de los pilares. El arco de Adriano es ahora el punto de entrada al yacimiento de Gerasa.

■ CATEDRAL

La catedral se encuentra junto al *cardo maximus*, a la izquierda, justo antes del ninfeo. Se trata de una iglesia bizantina que sus orgullosos habitantes llamaban «catedral». Se construyó sobre el emplazamiento de un templo grecorromano dedicado al dios del vino, la vid y los excesos, Dioniso o Baco, que a su vez se encontraba sobre un antiguo templo nabateo dedicado al dios Dushara. Era habitual sustituir los lugares de culto existentes por otros nuevos que reflejaran las nuevas creencias dominantes. El cristianismo se convirtió en la religión oficial del Imperio romano a partir del siglo IV y la catedral data del siglo V o VI, al igual que la mayoría de las iglesias del recinto. Sin embargo, no hay pruebas de que esta fuera más grande que las demás para otorgarle ese título. La explanada que separa la iglesia de San Teodoro y la catedral fue probablemente el lugar donde se celebraba una fiesta pagana en la que el vino corría sin mesura, mezclando la tradición grecorromana de honrar a Dioniso y la religión cristiana, en conmemoración de las bodas de Canaán, cuando Jesús convirtió el agua en vino.

Completamente en ruinas en la actualidad, se caracterizaba por una ornamentación bastante elaborada. Una vez superado el pórtico con su frontón corintio, que aún se conserva, se accede al resto del edificio por una escalera monumental. Los muros siguen cubiertos en algunos lugares con inscripciones cristianas que honran, entre otros, a los arcángeles Gabriel (que también llevó el Corán a Mahoma) y Miguel. En la parte superior de la escalera hay un nicho dedicado sin duda a la Virgen María.

■ IGLESIA DE SAN TEODORO

La iglesia de San Teodoro fue construida por los bizantinos como una extensión de la catedral, utilizando piedras de construcciones más antiguas. La entrada principal estaba en el lado oeste y en ella aún se puede leer una inscripción que dice que la iglesia fue erigida «en el año 496 bajo el episcopado de Eneas en honor del victorioso Teodoro, mártir inmortal». El pórtico da a un patio pavimentado flanqueado por columnas, en cuyo centro había una fuente. Es probable que este patio sirviera de atrio de la catedral.

■ HIPÓDROMO

El hipódromo está inmediatamente a la izquierda, después de pasar por debajo del arco de Adriano. Con 245 metros de largo y 52 de ancho, se considera que es un tanto pequeño en comparación con los de otras ciudades romanas. El imponente edificio situado a lo largo de la calzada de entrada al recinto de Gerasa servía de tribuna. Con sus 17 000 plazas, podía albergar a toda la población de la ciudad en el momento de su máximo desarrollo. Era el lugar de entretenimiento por excelencia, donde tenían lugar los combates de gladiadores. No obstante, los espectadores acudían a ver todo tipo de espectáculos, como carreras de carros y de caballos, o carreras de atletismo. Se cree que los sasánidas persas lo utilizaron para jugar al polo en el siglo VII. Todavía se utiliza para acoger actuaciones durante el Festival de Gerasa.

Los investigadores no han podido precisar la fecha de construcción del edificio, pero lo sitúan entre los siglos I y III. En la época bizantina, el hipódromo fue rediseñado.

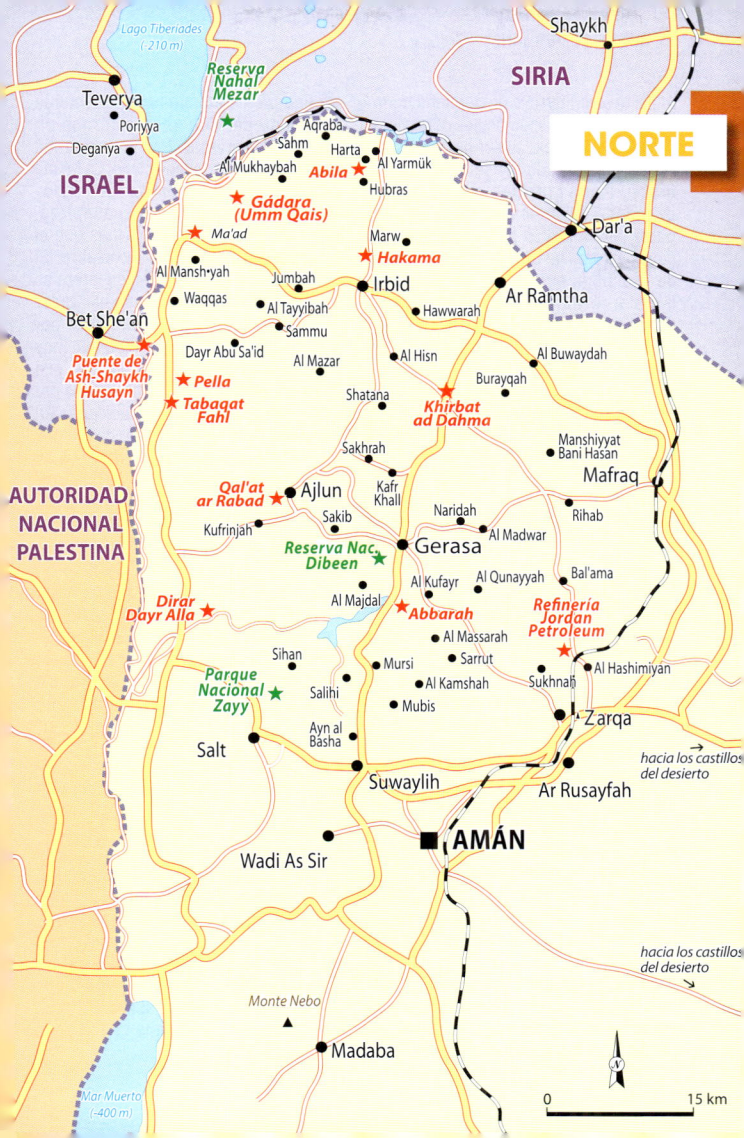

NORTE

Lago Tiberíades (-210 m)

Shaykh

SIRIA

Teverya

Poriyya

Deganya

Reserva Nahal Mezar

Aqraba

Sahm

Harta

Al Mukhaybah

Al Yarmūk

ISRAEL

Abila

Hubras

Gádara (Umm Qais)

Ma'ad

Marw

Hakama

Al Mansh•yah

Jumbah

Irbid

Dar'a

Ar Ramtha

Waqqas

Al Tayyibah

Bet She'an

Sammu

Hawwarah

Puente de Ash-Shaykh Husayn

Dayr Abu Sa'id

Al Hisn

Al Buwaydah

Pella

Al Mazar

Shatana

Burayqah

Tabaqat Fahl

Khirbat ad Dahma

Sakhrah

Manshiyyat Bani Hasan

AUTORIDAD NACIONAL PALESTINA

Qal'at ar Rabad

Ajlun

Kafr Khall

Mafraq

Kufrinjah

Sakib

Naridah

Rihab

Reserva Nac. Dibeen

Gerasa

Al Madwar

Al Kufayr

Al Qunayyah

Bal'ama

Dirar Dayr Alla

Al Majdal

Abbarah

Refinería Jordan Petroleum

Sihan

Al Massarah

Sarrut

Al Hashimiyan

Parque Nacional Zayy

Mursi

Al Kamshah

Sukhnah

Salihi

Mubis

Zarqa

Salt

Ayn al Basha

hacia los castillos del desierto

Suwaylih

Ar Rusayfah

Wadi As Sir

■ AMÁN

hacia los castillos del desierto

Monte Nebo

▲

Madaba

Mar Muerto (-400 m)

0   15 km

Al norte se construyó un pequeño teatro para acoger los espectáculos deportivos, mientras que la parte sur se abandonó. Luego fue ocupada por los alfareros; de hecho, aún se pueden ver los hornos de ladrillo. Entre los siglos VI y VIII, la parte sur se utilizó como cantera, con cuyas piedras se repararon las murallas de la ciudad. Más tarde, los tintoreros instalaron allí sus talleres. El lugar también sirvió como fosa común durante una epidemia de peste. El terremoto del año 749 dejó el lugar inutilizable.

■ *MACELLUM* (ÁGORA) ⭐

Tras cruzar la plaza oval y tomar el *cardo maximus,* la avenida se ensancha, marcando la entrada al *Macellum.* Se trata de los antiguos mercados, uno de los lugares más concurridos de la ciudad. Una puerta triple se abre a un patio octogonal, en cuyo centro se alza una fuente. Las cabezas de león se utilizaban como caballetes para los puestos de los comerciantes. Uno de ellos lleva el grabado «211» en una de sus caras, lo que indica la época probable de su construcción. Muchos coinciden en que el mercado se utilizó hasta la llegada de los omeyas en el siglo VII.

■ NINFEO ⭐⭐

El ninfeo se localiza a lo largo del *cardo maximus,* justo después de la catedral. Esta imponente fuente data del año 191 y contribuía al abastecimiento de agua de la ciudad. A partir del 125, la necesidad de agua en Gerasa se intensificó y se puso en marcha un sistema de abastecimiento de la ciudad, especialmente con la construcción de un acueducto que unía la población con los manantiales de los alrededores. El agua se distribuía mediante un sistema de fuentes. El ninfeo era una fuente monumental, ricamente ornamentada, que se encontraba en las ciudades griegas. Hay uno en Amán diseñado según el mismo plano. La fuente está dedicada a las ninfas, las representaciones sagradas de la naturaleza. Estas bellas jóvenes vivían más que el hombre, pero no eran inmortales. El ninfeo consta de dos caminos laterales que enmarcan un ábside semicircular de dos plantas y estaba rematado por una bóveda de horno o semicúpula (hoy derrumbada). En el ábside hay una pila de piedra empotrada. Se alimentaba por medio de cabezas de león ubicadas en los nichos de la planta inferior del ábside. Si la fuente se desbordaba, el agua fluía hacia las alcantarillas. El nivel inferior del ninfeo estaba cubierto con losas de mármol, mientras que el superior estaba decorado con estuco pintado. Aunque los elementos más bellos y vistosos han desaparecido, todavía se pueden admirar las hornacinas y algunas de las columnas corintias que adornaban la fachada. Su decoración ligeramente cincelada es característica del arte de la dinastía Severa, considerado como decadente.

■ PLAZA OVAL (FORO) ⭐⭐⭐

Esta gran plaza es el símbolo de la ciudad de Gerasa, la imagen más conocida del yacimiento. Y con razón: el foro de Gerasa era probablemente el más grande del Imperio romano cuando se construyó a principios del siglo II. También es el único de forma ovalada de todo el imperio. Es un elemento arquitectónico esencial en el urbanismo de la ciudad, ya que sirve de enlace entre el *cardo maximus,* la arteria central que se extiende de norte a sur, y en torno a la cual se organizaba la ciudad, y el templo de Zeus.

Puerta norte

C. de las columnas norte

Iglesia del obispo Isaías

Teatro norte

Tetrápolis del norte

Termas occidentales

Templo de Artemisa

Explanada del templo

Mezquita omeya

Iglesia de San Ginés

Propileo

Iglesia de los Propileos

CIUDAD MODERNA

Las tres iglesias

Iglesia de San Teodoro

Ninfeo

Catedral

Residencias omeyas

Estación de autobuses

Tetrápolis del sur

Puente sur

Macellum

Museo arqueológico

Plaza oval

Templo de Zeus

Teatro sur

Punto de información y albergue

Al Quarawan

Bab' Amman

C. de las columnas sur

GERASA

Hipódromo

Arco de Adriano

N

100 m

Es imposible obviar esta ágora de enormes dimensiones (90 por 80 m), rodeada de amplias aceras y columnas jónicas que han sido acondicionadas. El suelo se cubrió de adoquines más tarde, una tarea que requería una proeza técnica, además de necesitar una cantidad colosal de mano de obra. Una depresión natural de 6 a 8 metros ocupaba parte de la plaza, así que tuvo que ser rellenada previamente y luego estabilizada antes de colocar los adoquines. La plaza oval debe su nombre, obviamente, a su forma. Además de ser un espacio público donde los habitantes de la ciudad se reunían para comerciar, tratar los asuntos políticos y resolver disputas legales, servía de explanada sagrada para el templo de Zeus. Destaca un pedestal en su centro. Hoy coronado por una columna (donde se enciende cada año la llama del Festival de Gerasa), antaño habría sostenido un altar o una estatua. Además de plaza pública y ágora, el foro servía también como espacio para el mercado: se han hallado muchas tiendas a su alrededor.

◼ PUERTA SUR ⭐

Esta puerta era la principal de las cuatro entradas a la ciudad, antes del proyecto de ampliación materializado en el arco de Adriano. También es la entrada oficial al antiguo emplazamiento de Gerasa. Se cree que se construyó en el siglo II perforando directamente la muralla de la ciudad, lo cual no era común. La decoración está compuesta por el cincelado de hojas de acanto, características de la época. Sirvió de inspiración para la construcción del arco de Adriano. No se pierda la prensa de aceite a la izquierda una vez cruzada la puerta.

◼ RESIDENCIAS OMEYAS ⭐⭐

Donde se cruzan el *decumanus* y el *cardo maximus,* a la izquierda, se observa una zona de ruinas correspondiente a un sector residencial. Se trata de edificios administrativos romanos rehabilitados como viviendas durante el período omeya a partir del año 600. La influencia de los omeyas en Gerasa fue testimonial, solo construyeron una mezquita. Al oeste de la ciudad, la «Casa de los Azules» era una espléndida mansión del período bizantino-omeya, cuyos restos visibles datan principalmente del período árabe.

◼ CALLE DE LAS COLUMNAS (*CARDO MAXIMUS*) ⭐⭐

Los romanos llamaban *cardo maximus* a la arteria principal de las ciudades orientada de norte a sur. El de Gerasa medía 800 metros de longitud y era especialmente bello. El *cardo* fue construido en el siglo I. Las columnas jónicas originales (había casi 200) se fueron transformando en columnas corintias a partir del año 170. La avenida está salpicada de rodadas bastante profundas excavadas por las ruedas de los carros. Los agujeros en la calzada servían para recoger el agua de lluvia.

◼ TEMPLO DE ARTEMISA ⭐⭐

El templo de Artemisa se encontrará frente a usted después de que haya superado las escaleras del propileo. Los romanos lo construyeron en torno al año 150 en homenaje a Artemisa, hija de Zeus, diosa de la caza y la fertilidad y patrona de Gerasa. Al ser mucho más grande que el dedicado a Zeus, se creaba una rivalidad entre los fieles. Era el centro de la vida social y espiritual de la ciudad y se encontraba en medio de un vasto recinto sagrado de 3,4 hectáreas. Construido sobre una plataforma, sus hermosas columnas con capiteles corintios se elevan hacia el cielo. Tienen una característica que resulta interesante para los turistas: se mueven con el viento o cuando las zarandean. Quedan once de las doce columnas originales. Lo curioso es que contienen la firma del artista (o contratista encargado), Hygeinos. No obstante, el templo está inacabado, ya que se proyectaron un total de 32 columnas para enmarcar la *cella*, la sala principal. El suelo de la sala interior estaba cubierto de losas de mármol. La parte trasera del templo, el *adytum,* solo era accesible para los sacerdotes: solo a ellos se les permitía acercarse al *thalamos*, el nicho que probablemente albergaba una estatua de la diosa, y entrar en las dos cámaras que flanqueaban este nicho. El altar de los sacrificios estaba situado al pie de la escalera que conducía a la plataforma, a unos veinte metros más arriba del templo. A partir del siglo IV, los cultos paganos fueron prohibidos por un edicto imperial y el templo de Artemisa fue saqueado.

■ TEMPLO DE ZEUS

Con vistas al foro, y justo al lado del teatro del sur, se encuentra este santuario dedicado al dios de los dioses griegos, Zeus. Está levantado sobre un templo más antiguo y las excavaciones arqueológicas han revelado que el sitio ya era un lugar de culto en la Edad del Bronce (3300 a 1200 a. C.). El templo de Zeus está levantado sobre dos terrazas, la inferior de las cuales está muy dañada. Poco queda de su corredor abovedado que recorría el *temenos*, un patio sagrado. Este corredor cerrado estaba decorado en su exterior con fachadas con columnas jónicas que sostenían un friso dórico. La terraza inferior data del año 27 a. C.,

como atestigua una inscripción atribuida a «Diodors, hijo de Zebedas, arquitecto de Gerasa». En el año 162, los romanos decidieron construir un gran templo para reemplazar el antiguo, que estaba muy dañado. Se erigió en una terraza sobre el *temenos*. Ambos espacios estaban conectados por una escalera monumental. Columnas corintias de 15 metros de altura enmarcaban la *cella*, la cámara principal del santuario. Con la llegada del cristianismo, el templo se transformó en un monasterio bizantino, antes de ser completamente abandonado tras el terremoto del año 749. En 1982, el Instituto Francés del Próximo Oriente (IFPO) emprendió la restauración del edificio en estrecha colaboración con el Departamento de Antigüedades de Jordania. Entre 2001 y 2006 se restauraron la *cella*, el peristilo y el *temenos*. Las obras devolvieron al templo parte de su majestuosidad.

■ TEATRO NORTE

Uno de los edificios más septentrionales del recinto. Se puede acceder por el *decumanus* norte, que parte del tetrapilonos de Julia Domna, o desde el templo de Artemisa. Como muchos de los edificios de Gerasa, el teatro norte se construyó en dos fases. Numerosos detalles demuestran que originalmente era un *bouleuterium,* lugar de reunión del consejo de la ciudad (*boulé*). El teatro constaba de catorce filas de asientos, a los que se accedía por pasillos interiores. Las inscripciones grabadas en los asientos indican quién podía sentarse en ellos. Así, los asientos de las filas inferiores estaban reservados a los miembros de la *boulé*. Más arriba, estaban reservados a los representantes de las diferentes tribus y familias de la ciudad.

VISITA

Cuanto más grande era la tribu, más asientos tenía. El beleuterio fue construido probablemente durante el reinado del emperador Adriano (117-138) o quizá antes, durante el de Trajano (98-117). Más tarde se remodeló para convertirlo en un odeón, un teatro para conciertos y recitales de poesía. Una inscripción encontrada en el arquitrabe de la decoración del escenario lo expresa muy claramente. También se sabe que las filas superiores de asientos se añadieron en torno al 165, lo que aumentó la capacidad de asistentes a 1600. Durante los trabajos de ampliación se puso especial cuidado en los ornamentos, de los que aún se pueden apreciar algunos detalles. El teatro pretendía reflejar la capacidad de influencia de la ciudad a través de una magnífica escenografía. Fue abandonado en torno al siglo V.

■ TEATRO SUR ⭐

El teatro del sur está situado ligeramente por encima del templo de Zeus. Se puede llegar por un camino desde el foro. El edificio fue construido hacia el año 90, durante el reinado del emperador Domiciano, gracias a las donaciones de los ricos habitantes de la ciudad. Podía albergar a unos 5000 espectadores, frente a los 3000 que puede acoger en la actualidad. Ha sido restaurado por completo y sigue utilizándose hoy en día, sobre todo durante el Festival de Gerasa. Su excepcional acústica hace las delicias de los espectadores, que pueden escuchar regularmente los ensayos de los gaiteros del ejército jordano.

■ TERMAS ROMANAS

La antigua ciudad de Gerasa tenía dos complejos termales. Las termas tenían una importante función social, ya que permitían el intercambio de noticias y cotilleos mientras se asistía a espectáculos musicales.

▶ **Baños occidentales.** Debajo del tetrapilonos norte, en dirección opuesta al *decumanus*, se observan algunos edificios en ruinas, construidos con grandes bloques de piedra y grandes arcos en sus muros. Se trata del antiguo complejo termal de la ciudad de Gerasa, que data del siglo II. Constaba de un *caldarium* (sala con una piscina de agua caliente), un *tepidarium* (sala con una piscina de agua templada) y un *frigidarium* (sala con una piscina de agua fría). Una de las cámaras conserva su cúpula sobre la sala cuadrada. También se pueden ver los restos de los hornos del hipocausto utilizados para calentar el agua en el *caldarium*.

▶ **Baños del este.** Situados fuera de las murallas, detrás de la mezquita que da al puente sur, estas ruinas termales se encuentran entre las más grandes y mejor conservadas de Oriente Próximo. Fueron objeto de excavaciones arqueológicas entre 2016 y 2018, durante las cuales se encontraron fragmentos de esculturas que ahora se exponen en el Museo Arqueológico de Gerasa. Este enorme complejo se erigió en varias fases: la primera se inició hacia el año 140 con la construcción de siete edificios, entre los que se encontraban los enormes baños, con muros que

Columnas de la plaza Oval. Gerasa.

podían superar los 11 metros de altura. Hacia mediados del siglo III, el complejo se amplió hacia el norte con la adición de trece salas y una exedra con columnas y decorada con estatuas.

■ LAS TRES IGLESIAS

Los bizantinos construyeron un gran número de iglesias. Tres cuartas partes de ellas aún no han sido descubiertas ni excavadas. En Gerasa se encuentran tres de ellas, agrupadas en torno a un atrio dentro de un mismo perímetro: la iglesia de San Juan Bautista, la de los Santos Cosme y Damián, y la iglesia de San Jorge. Todas fueron erigidas entre el 529 y el 533. Se encuentran entre la ampliación de la iglesia de San Teodoro, al oeste de la catedral, y el templo de Artemisa.

▶ **Iglesia de los Santos Cosme y Damián.** Es de notable interés por su tamaño y los mosaicos que adornan el suelo, especialmente bien conservados. Representan animales y figuras humanas, incluyendo las probables figuras de Teodoro y su esposa Giorgia, los protectores de la iglesia. La base de los pilares que separan la nave de los pasillos todavía es claramente visible, así como algunas de las columnas. El baptisterio se añadió en el siglo VI y fue compartido con la iglesia adyacente.

▶ **Iglesia de San Juan Bautista.** Es la mayor y la más reciente de las tres. Está intercalada entre las otras dos iglesias. Conserva parte de su fachada (frente a la columnata) y la entrada principal. En el interior, la nave estaba delimitada por cuatro columnas altas. Todavía se pueden admirar fragmentos de mosaicos coloreados con motivos geométricos.

▶ **Iglesia de San Jorge.** Es la menos interesante de las tres, ya que está en muy mal estado y no cuenta con ningún mosaico. Probablemente es la más antigua de todas.

RESERVA NATURAL DE DIBEEN

Si dispone de tiempo, en primavera o en verano puede visitar esta pequeña reserva de 8 kilómetros cuadrados, situada a 14 kilómetros al oeste de Gerasa. Se trata de uno de los bosques más bellos del país, que alberga una gran diversidad de árboles y flores típicas de Oriente Medio: pinos carrascos, pistacheros silvestres, espinos blancos, acacias… También alberga dieciséis especies animales en peligro de extinción. Puede ser agradable, e incluso ideal para un pícnic. Los viernes y los sábados, los jordanos acuden en masa, lo que le resta tranquilidad al entorno, pero puede ser divertido si quiere conocer gente. Pequeños senderos señalizados atraviesan la reserva.

AJLUN

A 23 kilómetros al noroeste de Gerasa se encuentra el pequeño pueblo de Ajlun. Justo antes de llegar a la población, se atraviesan hermosos bosques de pinos y olivos que marcan la frontera con el fértil valle del Jordán, que poco tiene que ver con las zonas rocosas que rodean Gerasa.

A las familias jordanas les gusta venir de pícnic los fines de semana en verano. El principal atractivo de este pueblo es su castillo medieval, construido en lo alto de una colina por uno de los generales de Saladino. A 3 kilómetros al oeste de la localidad, la fortaleza ofrece una impresionante panorámica del valle del Jordán.

VISITA

■ CASTILLO DE AJLUN ★★

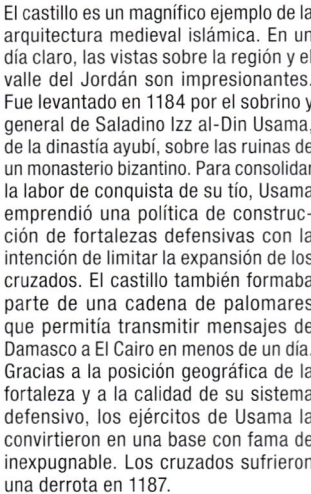

☏ +962 2642 0956

El castillo es un magnífico ejemplo de la arquitectura medieval islámica. En un día claro, las vistas sobre la región y el valle del Jordán son impresionantes. Fue levantado en 1184 por el sobrino y general de Saladino Izz al-Din Usama, de la dinastía ayubí, sobre las ruinas de un monasterio bizantino. Para consolidar la labor de conquista de su tío, Usama emprendió una política de construcción de fortalezas defensivas con la intención de limitar la expansión de los cruzados. El castillo también formaba parte de una cadena de palomares que permitía transmitir mensajes de Damasco a El Cairo en menos de un día. Gracias a la posición geográfica de la fortaleza y a la calidad de su sistema defensivo, los ejércitos de Usama la convirtieron en una base con fama de inexpugnable. Los cruzados sufrieron una derrota en 1187.

Originalmente, el castillo tenía cuatro torres angulares y aspilleras en sus muros más gruesos, y estaba rodeado por un amplio foso de 15 metros de profundidad. Se amplió en 1215. En 1265, los mongoles tomaron el castillo y lo destruyeron por completo. El siguiente propietario, el sultán mameluco Al-Khader Baibars, se encargó de reconstruirlo. El castillo se utilizó principalmente como almacén de forraje y perdió su importancia estratégica. Los otomanos lo revivieron a mediados del siglo XVII instalando una guarnición. En 1812, el viajero suizo Johann Ludwig Burckhardt se topó con la fortaleza por casualidad. Tras los daños causados por los terremotos de 1837 y 1927, el castillo fue restaurado.

RESERVA NATURAL DE AJLUN

Situada a 5 kilómetros al norte de Ajlun, esta reserva le permitirá emprender bonitas excursiones en plena naturaleza, a través de una hermosa vegetación mediterránea. En los trece kilómetros cuadrados con los que cuenta, la reserva está compuesta por colinas cubiertas de robles con follaje persistente, algarrobos y pistacheros. En primavera los bosques se tiñen de color gracias a las flores silvestres. Quizá se encuentre jabalíes y corzos, especies recientemente reintroducidas en la región. En tiempos pasados habían desaparecido debido a una deforestación masiva. Las aves son también numerosas, un buen elemento de atracción para los ornitólogos.

Se han acondicionado dos pistas para descubrir el bosque y su fauna.

TELL MAR ELIAS

Con frecuencia, los circuitos turísticos se olvidan de este pequeño yacimiento arqueológico. Es cierto que no hay mucho que ver, pero la carretera para llegar, que atraviesa la campiña de Ajlun, es bastante agradable. El profeta Elías, mencionado en el Corán y el Antiguo Testamento, habría nacido cerca de este lugar (hacia 910 a. C.).

IRBID

A medio camino entre Amán y la frontera siria, Irbid es la segunda aglomeración poblacional del reino, con cerca de 650 000 habitantes, por delante de Zarqa. Puede ser un punto de partida bastante práctico para realizar visitas en el norte del país, como Umm Qais, o incluso llegar a Siria. Se trata de una gran encrucijada comercial e industrial (especialmente textil) y un centro universitario importante. No cuenta con muchos atractivos turísticos si sacamos su excelente museo arqueológico de la ecuación. Pero también se puede pasear por el animado centro de la ciudad o por el gran campus universitario, con sus innumerables cibercafés. Su papel histórico no ha tenido un impacto considerable en la región, incluso aunque haya estado poblada desde la Edad del Bronce. Se conocía como Arabella antes de la llegada de los árabes, que se impusieron en la batalla de Yarmuk (a 30 km de Irbid) contra los bizantinos en el año 636. Con la llegada de los musulmanes, el cultivo de la vid se abandonó en beneficio del olivo, que sigue siendo muy importante en la actualidad. La ciudad contaba con una población reducida hasta la llegada de los refugiados palestinos en 1948 y 1967.

ABILA (QUWAYLIBA)

Entre las colinas cubiertas de olivos se esconden las ruinas de la antigua Abila, conocida también como Raphana en época romana, una de las ciudades comerciales de la Decápolis (junto con Gerasa y Umm Qais). El descubridor de sus ruinas fue el mismo explorador alemán, Ulrich Jasper Seetzen, que dio con Gerasa. Disfrazado de jeque árabe y acompañado de su guía, partió de Damasco a caballo para llegar hasta las ruinas de Tell Abil en 1806.
El lugar habría estado habitado desde el 4000 a. C. Durante su ocupación por los griegos, los romanos y los bizantinos, experimentó un período de prosperidad, hasta que la ciudad fue abandonada a finales del siglo XV. Abila viene de la palabra semita *Abel,* que significa «canal», probablemente debido a la presencia del manantial Ain Quwayliba, muy cerca de allí, en un fértil valle muy propicio para la agricultura. El historiador judeo-romano Flavio Josefo menciona que Abila cayó en manos de los seléucidas y luego de los romanos. Aquí se estacionaron también dos legiones romanas, pero en el 218 el emperador Heliogábalo disolvió la legión, y Raphana dejó de ser un campamento romano.

AL-HIMMA

A diez kilómetros de Umm Qais, justo al lado de la frontera con Siria, se encuentran las fuentes termales de Al-Himma, famosas en la época romana por sus virtudes terapéuticas. Se hallan en el pueblo de Mukheiba (Al-Mukhaybah), donde, gracias a su clima tropical, crecen palmeras y plataneros. La carretera panorámica para llegar hasta allí vale la pena si va en coche. No olvide su pasaporte, hay un puesto de control.

■ **RESERVA NATURAL DE YARMUK**

Con treinta kilómetros cuadrados, la reserva se creó en 2012 en el valle del río Yarmuk, en el entorno donde se cruzan las fronteras de Jordania, Siria e Israel. Por el momento, aún no se ha considerado ningún proyecto de ecoturismo. La naturaleza, ahora protegida en esta zona largamente disputada por las tres naciones, ha recuperado su vigor. Los ecosistemas se han desarrollado y la fauna y la flora están intactas. Además de las nutrias y las gacelas, la zona es muy importante para las aves migratorias.

UMM QAIS (GÁDARA) ★★★

A 27 kilómetros al noroeste de Irbid y a más de cien kilómetros de Amán se encuentra el yacimiento de Umm Qais. La ciudad, llamada Gádara en la antigüedad, formaba parte integrante de la Decápolis grecorromana, diez ciudades repartidas en los territorios actuales de Siria, Palestina y Jordania. Menos impresionante que Gerasa, el lugar no recibe tantas visitas, lo que hace que caminar entre las ruinas de basalto negro y piedra blanca, que datan de las épocas romana, bizantina y otomana, sea muy agradable. Además de su considerable interés arqueológico, Umm Qais ofrece unas vistas excepcionales sobre los valles que la circundan: se puede ver tanto el valle del Jordán, como Israel y el mar de Galilea (o lago de Tiberíades), o también los Altos del Golán sirio (controlados por Israel).

Gádara es también un lugar bíblico importante: aquí fue donde Jesús liberó a dos endemoniados.

■ BASÍLICA

Las ruinas de la basílica se encuentran muy cerca del hipogeo. Data de la segunda mitad del siglo IV. Muy dañada por el terremoto del año 749, no queda gran cosa en pie. Sin embargo, el enorme atrio de 52 metros de largo sigue siendo visible. La iglesia estaba dividida en cinco tramos orientados de oeste a este y terminaba con un ábside sobre la cripta. La entrada se realizaba a través de un vestíbulo sostenido por columnas jónicas. Se hicieron dos pequeñas entradas adicionales en los muros norte y sur. La basílica se convirtió en mezquita tras la derrota de los cruzados.

■ MUSEO ARQUEOLÓGICO DE UMM QAIS

El Museo Arqueológico de Umm Qais está ubicado en uno de los edificios más bellos de la antigua localidad de Gádara, que data de época otomana. Aquí se muestran los objetos hallados en el yacimiento durante varias excavaciones.

© VISIT JORDAN

Umm Qais.

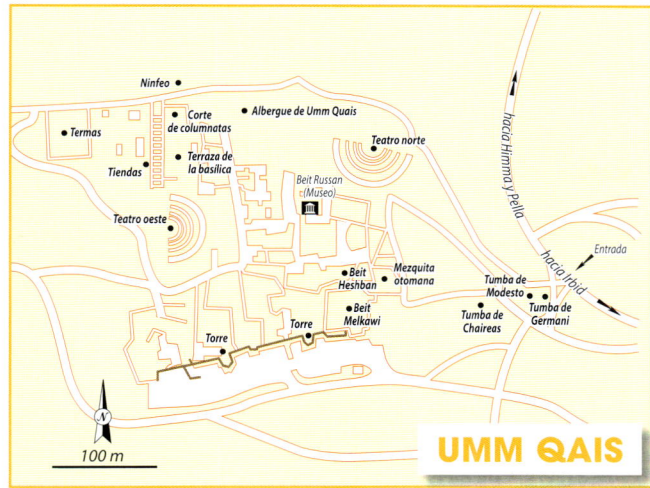

Ninfeo •

Termas •

Corte
de columnatas •   • Albergue de Umm Quais

Terraza de
la basílica •   Teatro norte •

Tiendas •   Beit Russan
(Museo) •

Teatro oeste •

hacia Himma y pella

Entrada

hacia Irbid

Beit
Heshban •   Mezquita
otomana •   Tumba de
Modesto •

Tumba de
Germani •

Beit
Melkawi •   Tumba de
Chaireas •

Torre •   Torre •

N

100 m

UMM QAIS

VISITA

Se exponen la estatua de la diosa Tique y el mosaico del mausoleo subterráneo. Este último lleva los nombres de los propietarios fallecidos (Valentinanos, Eustathia y Protogenia). También podrá ver una asombrosa escultura de una serpiente de cascabel enroscada sobre sí misma.

■ **NINFEO**
Si se dirige hacia la salida de la ciudad por el *decumanus,* llegará frente al ninfeo, que data del siglo II. Se encuentra exactamente frente a la gran terraza occidental. Esta fuente sagrada abastecía de agua a toda la ciudad y estaba decorada con estatuas de mármol.
Ahora está muy deteriorado, pero se distingue fácilmente por su estanque de quince metros de largo. Las exca-

vaciones de 1998 revelaron un bloque de mármol con el nombre grabado del donante del ninfeo, un tal Aurelios Diophantes, que era un alto oficial de la policía de la ciudad.

■ **TEATRO NORTE**
Debajo del museo se pueden ver los restos de lo que fue un teatro. Estaba situado en la entrada de la ciudad, a lo largo del *decumanus maximus*. Hay que tener un poco de imaginación para reconstruir el auditorio, las filas de asientos, las galerías y el escenario, que estaban adosados a la colina. El teatro se construyó a finales del siglo I a. C. y podía albergar hasta cuatro mil espectadores. Fue probablemente destruido por sucesivos terremotos en la región. Sus piedras se utilizaron para construir las casas del pueblo.

■ TEATRO OESTE

Si mira la ciudad antigua desde el pueblo, este es el primer edificio que se ve. Esculpido en basalto negro y con capacidad para tres mil espectadores, no es el más imponente de los teatros de la ciudad, pero sí el mejor conservado. Los asientos de las gradas no son todos iguales: los que están cerca del escenario y en las últimas filas tienen respaldos más bajos y también son más cómodos. Estos asientos de honor estaban reservados a la aristocracia local o a invitados distinguidos durante las representaciones y los consejos municipales.

■ BAÑOS BIZANTINOS

Situadas frente al ninfeo, las termas no se acondicionaron hasta bastante tarde en Gádara, ya que datan del siglo IV. Cubrían una superficie de 2400 metros cuadrados. Poco después de su construcción, los baños ya estaban muy dañados, así que se reconstruyeron con un tamaño más modesto. Comprendían varios baños alojados en salas cerradas y decoradas. Su uso se abandonó en torno al siglo VII, cuando la ciudad se vio sometida a un racionamiento de agua y leña para calentarse. El gran terremoto del año 749 y sus sucesivas réplicas los destruyeron por completo.

■ PUEBLO FANTASMA DE UMM QAIS

El antiguo pueblo de Umm Qais se remonta al Imperio otomano, y la mayoría de las piedras utilizadas para su construcción proceden de la antigua ciudad. Está construido sobre la Acrópolis romana, la parte más alta y rica de la ciudad. El pueblo fue bombardeado durante la guerra de los Seis Días y sus habitantes fueron reubicados más lejos. En la actualidad, es un pueblo fantasma que alberga el Museo Arqueológico y un centro de visitantes con tiendas de artesanía.

PELLA (TABAQAT FAHL)

Pella es una antigua ciudad de la Decápolis y está a unos veinte kilómetros al suroeste de Irbid, cerca del pequeño pueblo de Taqabat Fahl. La presencia humana en la zona data del Neolítico. Posteriormente, se sucedieron diferentes civilizaciones: los griegos, los seleúcidas, los romanos, los cristianos de Jerusalén, los bizantinos, los abasidas y finalmente los mamelucos. Esta peculiaridad de una ocupación ininterrumpida, rara en Oriente Próximo e incluso única en Jordania, es una verdadera fuente de información para los arqueólogos.

Hoy no queda mucho en el lugar, y las excavaciones siguen en curso. Sin embargo, Pella está en un entorno muy bonito y ofrece unas vistas magníficas al valle del Jordán.

DEIR ALLA

Deir Alla es un lugar cargado de historia. Cuenta la leyenda que aquí estaba la ciudad bíblica de Sucot, donde Jacob descansó después de su lucha con el ángel. Hoy en día, no hay mucho que ver, excepto las ruinas de un templo construido alrededor del siglo XV a. C. La ciudad estuvo habitada durante más de tres siglos antes de ser completamente demolida por un terremoto o por el ejército egipcio alrededor del año 1200 a. C. Hasta la fecha, nadie conoce las causas exactas de su desaparición.

NORESTE DE JORDANIA

Desde los suburbios al este de Amán hasta las fronteras de Iraq y Arabia Saudí, se extiende un desierto con mucha piedra basáltica. Esta región es la más árida y desierta de todo el país. Poco ha cambiado desde hace siglos, y la única auténtica aglomeración poblacional con interés turístico es la ciudad de Azraq, famosa por su oasis, que ha perdido su esplendor después de secarse. No obstante, hay visitantes que se aventuran en esta zona poco hospitalaria, al menos a primera vista, para descubrir los «castillos del desierto», antiguas fortalezas omeyas dispersas por la región. En algunas solo quedan los muros, otras conservan algunas pinturas, muy dañadas por los beduinos, que vivían en la región y ennegrecían las paredes cada vez que se detenían en ellas.

ZARQA

A 20 kilómetros al noreste de Amán, Zarqa es la tercera ciudad del país, después de Amán e Irbid. Tiene 450 000 habitantes. Se trata de una ciudad industrial, poco atractiva y sin ningún interés turístico.

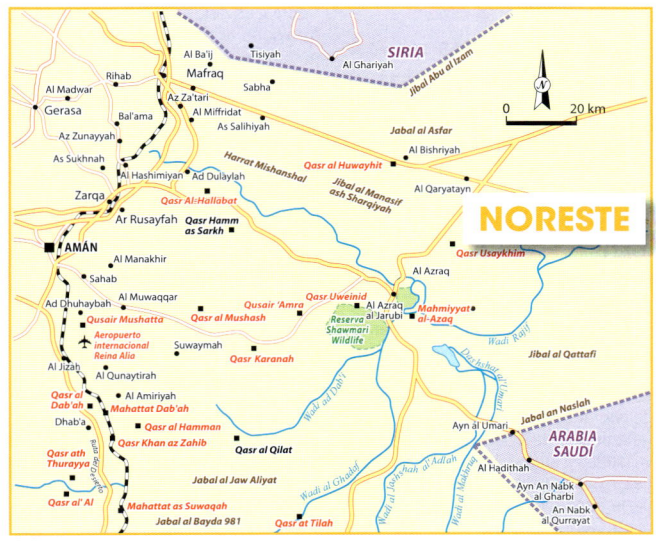

UMM EL-JIMAL

Umm el-Jimal, «Madre de los camellos», es una antigua ciudad caravanera situada a los pies del monte Druso, el Jabal al-Druz (también llamado Jabal Hauran), a 10 kilómetros de la frontera siria y a 20 kilómetros de la ciudad comercial de Mafraq. El lugar está especialmente bien conservado, pero no alberga realmente ningún monumento espectacular, así que pocos turistas toman la molestia de venir hasta aquí. Sin embargo, pasear en medio de estas ruinas de basalto negro, con su atmósfera atemporal, puede ser una experiencia agradable (siempre que no haga demasiado calor). Lo mejor es visitar el lugar por la mañana o al final de la tarde para disfrutar de una bella luminosidad y un calor soportable en verano.

■ RUINAS DE LA CIUDAD ★★

▶ **Antes de pasar la entrada,** en la parte sur del yacimiento, se puede apreciar la imponencia de la muralla, que servía de protección contra los ataques de los invasores. Probablemente fue durante el reinado del emperador romano Cómodo (180-192) cuando se ordenó la construcción de las siete puertas. Parece que la muralla fue transformada y mejorada por sus sucesores con fines militares.

▶ **Siguiendo el camino que serpentea** a lo largo de las ruinas, verá un cuartel a su izquierda. Se cree que data de la época romana y tiene la particularidad de contar con una torre de seis plantas (añadida en la época bizantina), con viviendas a su alrededor. La torre tiene cuatro aberturas rectangulares en la parte superior, cada una de las cuales representa a un arcángel: Gabriel,

Miguel, Rafael y Uriel. La capilla de tres naves, situada al este del cuartel, data de la época bizantina (siglo VI).

▶ **A la izquierda, cerca de la puerta suroeste,** se encuentran las ruinas de una zona residencial. Las casas están construidas en todas direcciones, sin seguir un plan urbanístico. Más adelante, a la izquierda, se puede ver un templo cerca de una cisterna. Al principio de las excavaciones, los arqueólogos habían identificado este gran edificio designándolo como patrimonio de los nabateos. Las opiniones difieren, y podría ser un templo que data de la ocupación romana.

▶ **A unas decenas de metros al norte,** se distingue un vasto edificio con dos alas: el *praetorium,* el cuartel general romano. Ampliado por los bizantinos, tiene tres puertas de entrada y, si atraviesa la de la izquierda, verá un pequeño atrio con cuatro columnas. El edificio también contaba con habitaciones y una terraza, que lamentablemente ya no son visibles.

Un poco más al norte, destaca uno de los monumentos más grandes de toda la ciudad: la catedral, construida en el siglo VI y ahora en ruinas. Se llamaba así porque era mucho más grande que el resto de iglesias de la ciudad. Más adelante están los cuatro arcos de lo que fue una iglesia. Todavía se pueden ver hermosas cruces bizantinas.

▶ **Al volver a bajar hacia el sureste,** detrás de la catedral se observan algunas viviendas y, a continuación, un embalse bastante bien conservado, alimentado por un acueducto que transportaba el agua de lluvia recogida en el uadi fuera de la ciudad. En cambio, no queda mucho de las dos iglesias de los Claudianos y los Julianos (al sur del embalse).

Cabe destacar que en una de ellas se encontraba el oratorio más antiguo de la ciudad (345).

AZRAQ

A medida que se va acercando a Azraq, a unos cien kilómetros al este de Amán, las señales van indicando «Frontera con Arabia Saudí: 50 km», «Frontera con Irak: 230 km». Desde la época de los viajes en camello, la ciudad de Azraq era una parada obligada para las caravanas y los peregrinos que viajaban a La Meca o a Bagdad. Inmersa en una zona desértica, la ciudad debía su prosperidad a un oasis providencial, el único palmeral del reino, refugio de aves migratorias. Desafortunadamente, el destino le tenía guardada una mala pasada a la ciudad: a principios de los años 1980, el gobierno jordano comenzó a extraer agua para satisfacer las necesidades hídricas de los habitantes de Amán e Irbid. Explotado más allá de lo razonable, el sitio está prácticamente seco en la actualidad. Muchos habitantes han huido de esta creciente sequía y, en una sola generación, el oasis casi ha desaparecido. Queda una modesta reserva natural de 12 kilómetros cuadrados, en donde todavía se detienen algunas aves.

En cambio, la ciudad sigue conservando su estatus de encrucijada viaria importante. Los enormes camiones, que ahora han reemplazado a los camellos en el eje Áqaba-Irak o Amán-Arabia Saudí, cruzan por aquí constantemente, esparciendo su maloliente humo negro.

Azraq no es una ciudad agradable. No obstante, los turistas la utilizan principalmente como punto de partida durante la visita a los castillos del desierto. La ciudad misma alberga un castillo, Qasr al-Azraq, donde se alojó Lawrence de Arabia. En las afueras de la localidad, un campamento acoge a refugiados sirios.

■ **QASR AL-AZRAQ** ⭐⭐
Al-Azraq Al-Shamaly

El actual castillo, hecho de grandes bloques de basalto negro, fue construido por los ayubíes en el siglo XIII. El lugar había albergado anteriormente guarniciones romanas (entre el 286 y el 305) y luego guarniciones bizantinas, como demuestran las inscripciones visibles aquí y allá. Construida en planta cuadrangular, esta fortaleza controlaba el valle del Wadi Sirhan en la ruta comercial entre Arabia y Siria, por donde circulaban las caravanas cargadas de mercancías. La fortaleza tenía originalmente tres plantas, pero fue destruida en gran parte por el terremoto de 1927. Servía de cuartel general del jerife de La Meca, Faisal ibn Husáyn, y de las tropas de Lawrence de Arabia durante la Gran Revuelta Árabe. Desde Azraq empezó el jerife su asalto final a la ciudad de Damasco, que supuso la derrota de los turcos y el fin de la Primera Guerra Mundial en Oriente Medio. La torre por la que se accede a la fortaleza tiene varias inscripciones en latín, griego y árabe. La habitación sobre la entrada sur era la de Lawrence de Arabia. La puerta oeste aún conserva sus pesadas puertas de basalto (de más de tres toneladas cada una), que siguen en uso. Este tipo de puerta es una herencia de época romana y se utilizó con frecuencia durante el período bizantino. En el centro de la fortaleza, la mezquita del siglo XIII, orientada a La Meca, fue construida por los ayubíes, la dinastía fundada por Saladino, sobre las ruinas de una iglesia bizantina. Destacan sus finas columnas.

QASR AL-BURQU

A 180 km al noreste de Azraq, cerca del pueblo de Ruwaished.

Al norte del pueblo de Ruwaished, el oasis de Burqu aparece como un espejismo en medio del desierto. El paisaje se revela en todo su esplendor al final de una generosa temporada de lluvias, cuando las aguas del lago lamen los pies de la torre. Lo mejor es contratar un guía para llegar hasta aquí, ya que la frontera iraquí está muy cerca y las pistas no están bien señalizadas. El lugar merece una visita, pero hay que estar muy motivado: está demasiado alejado para incluirlo en un itinerario de un día en la ruta de los castillos del desierto. Deberá traer una tienda de campaña para pernoctar.

El oasis es un punto de parada para muchas aves migratorias que pasan por la zona, y cada vez son más los observadores de aves que lo visitan. Desde hace años se está estudiando un proyecto de reserva natural. El lago no es un oasis natural; se formó cuando los romanos construyeron una presa en el siglo III tras edificar una nueva fortaleza en la línea de defensa oriental. Servía para proteger la ruta de las caravanas y el oasis de Burqu, donde paraban los mercaderes y sus monturas.

El lugar siguió estando habitado, sobre todo en la época bizantina, cuando se edificó una iglesia y dejaron algunas inscripciones. Los omeyas, bajo el emirato de Walid I (705-715), añadieron algunas salas. Fue uno de los primeros castillos remodelados por los omeyas. Solo se conservan parte de la torre y los cimientos.

RUTA DE LOS CASTILLOS DEL DESIERTO

Situados a menos de 130 km de la capital, en la carretera que conduce a la frontera saudí de Al-Umari, estos pequeños castillos tenían probablemente diferentes funciones. Al parecer la gran mayoría no eran plazas defensivas, sino residencias secundarias para los califas omeyas de Damasco. Los señores venían para relajarse, cazar, recibir a sus amigos… También debían servir probablemente como posada para los peregrinos de camino a La Meca.

Casi todos están en ruinas, pero algunos están relativamente bien conservados, como los de Amra y Kharanha. Un folleto bastante útil con la descripción de los castillos del desierto suele estar disponible en la oficina de turismo de Amán y en algunos hoteles.

▶ **Ruta:** La más lógica es Qasr al Hallabat (y Qasr Hammam As Sarah, muy cercano), Qasr al-Azraq, Qusair 'Amra y Qasr Karanah. Por supuesto, también se puede hacer en el sentido contrario. No existe una única manera de nombrar cada castillo.

QASR AL HALLABAT

Este castillo es el primero que encontrará en su camino después de salir de Zarqa (30 km). Sin embargo, no es el más interesante, así que puede pasar de largo si tiene prisa.

Qasr Al Hallabat.

Originalmente, el lugar estaba ocupado por una fortaleza romana, construida durante el reinado de Caracalla, alrededor del año 200 d. C., con el único propósito de defenderse de los ataques de los invasores del desierto.

Esta fortaleza fue reemplazada por un monasterio en el siglo VI o VII y finalmente por un palacio bajo los omeyas. Hoy en día, el castillo no es más que un simple montón de piedras esparcidas sin ningún orden.

QASR BURQU'

Mucho más lejos hacia el este, el lago de Burqu aparece como un espejismo en medio del desierto. Este oasis es un lugar de parada de numerosas aves migratorias que atraviesan la región, y los ornitólogos que acuden aquí son cada vez más numerosos.

También puede visitar el cercano fuerte romano del siglo III, del que aún queda en pie una torre interesante. El fuerte servía para proteger la ruta de las caravanas y el oasis de Burqu, donde los mercaderes y sus monturas hacían escala. El lugar siguió estando habitado, sobre todo en época bizantina, como indican varias inscripciones. Los omeyas le añadieron algunos muros y más salas. El paisaje es especialmente bonito cuando, tras una buena temporada de lluvias, las aguas del lago llegan casi hasta la torre. Los beduinos de la región vienen a veces (en camioneta) para hacer un pícnic. El lugar merece realmente la pena, pero está demasiado lejos para poder ser incluido en un itinerario de un día en la ruta de los castillos del desierto. Si viene, deberá traerse una tienda de campaña para pernoctar.

QASR UWEINID

A unos quince kilómetros al suroeste de Azraq, este sitio perdido entre la arena y los pedregales del desierto solo es accesible en todoterreno (en la carretera que va a la reserva natural de Shaumari, coja un ramal que va hasta la fortaleza).

Los gobernadores de la provincia romana de Arabia Pétrea construyeron este pequeño fuerte para controlar la región. Su situación geográfica permitía a las diferentes legiones que pasaban por aquí tener una vista despejada sobre el valle, así que podían anticipar los posibles ataques enemigos. Su construcción duró menos de un año, siguiendo un plano asimétrico, con la entrada en una esquina, algo bastante particular. En el siglo V fue abandonado porque sus moradores estaban muriendo de hambre. El conjunto está totalmente en ruinas, pero aún conserva algunas inscripciones que dejaron los romanos.

QUSAIR 'AMRA

Bajo la dinastía de los omeyas, en pleno desierto se erigieron residencias suntuosas y palacios rodeados de jardines, donde los califas venían a descansar con su corte. Qusair 'Amra es uno de ellos. Conformaba un amplio complejo, compuesto por un pabellón de caza y un caravasar, aunque la única estructura que queda aún en pie hoy en día no alberga más que los baños de la antigua residencia califal, ya desaparecida. Qusair 'Amra es el único «castillo del desierto» que la Unesco ha incluido en la Lista del Patrimonio Mundial. Fue construido

© VISIT JORDAN

Qusair 'Amra.

entre el 705 y el 715, bajo la dirección del futuro califa Walid II, que también supervisó las construcciones de las grandes mezquitas de Damasco, Medina y Jerusalén. El encanto y el interés de este emplazamiento no es su magnífico entorno, ni tampoco el buen estado de los edificios, sino los excepcionales frescos del siglo VIII que alberga, muy bien conservados, verdaderas joyas del arte pictórico omeya. Los baños termales fueron descubiertos a finales del siglo XIX, en 1898, por el explorador y orientalista checo Alois Musil. Al ver el aspecto de los pocos restos que aún quedan en pie desde el exterior (un pequeño fuerte de piedra perdido en una llanura desértica), pocos imaginarían el tesoro que encierra en su interior: el mayor conjunto de frescos murales omeyas conocido hasta la fecha. La riqueza decorativa del conjunto pintado contrasta con las modestas dimensiones del edificio.

■ **QUSAIR 'AMRA**   ★★★
Entre Azraq (26 km) y Qasr Karanah, junto a la carretera n.º 40.

▶ **Sala de audiencias.** Su construcción, siguiendo un plano de tres naves con bóvedas de cañón, recuerda a la arquitectura bizantina. Hay una alcoba en la nave central y dos salas en las naves laterales que probablemente sirvieron como salas de audiencia privadas. Las salas de recepción están conectadas por una puerta a los baños, un legado romano muy apreciado por los árabes. El interior de la primera sala incluía un vestuario bajo la alcoba central (*apodyterium*) y la sala de los baños fríos (*frigidarium*). La segunda sala estaba dedicada a los baños templados (*tepidarium*) y la tercera era la sala de los baños calientes (*caldarium*). En el exterior de las termas se puede ver el sistema hidráulico que permitía la conducción del agua: consistía en una cisterna y un pozo muy profundo, de unos quince metros, rodeado por

VISITA

un círculo de más de seis metros de diámetro excavado en el suelo. Este círculo correspondía probablemente a la ruta seguida por la bestia de carga (un camello o un asno) unida a una rueda, que se utilizaba para subir el agua del pozo. Las paredes, el suelo y los techos están cubiertos de mármol y frescos, con escenas de caza y de la vida cotidiana, en las que aparecen más de 250 figuras de inspiración bizantina. Muchos de los frescos están enmarcados por bordes negros, como en algunos manuscritos romanos, bizantinos y occidentales de la época medieval. Representan a guerreros, músicos, canteros, bailarines, arquitectos y mujeres desnudas tomando un baño. Estos últimos dibujos son bastante excepcionales en el arte islámico, que no permite representaciones humanas, y menos aún de mujeres con el traje de Eva. Parece que Walid era un verdadero amante del arte y, sobre todo, un hombre muy liberal para su época.

▶ **Fresco de los Reyes.** Es el fresco más famoso del lugar, pero está muy dañado. Muestra al califa omeya con su tocado, como en las monedas iraníes, rodeado de otros grandes gobernantes de la época. Las inscripciones árabes y griegas identifican al emperador de Bizancio, al visigodo don Rodrigo, al emperador persa Cosroes y al Negus de Abisinia. El emperador de China y el gran kan turco también están presentes. La figura de don Rodrigo, que murió en el año 711, es un indicio de la fecha de construcción del lugar. La influencia del Irán preislámico es tanto iconográfica como estilística: la representación de las figuras reales recuerda la tradición sasánida de representar el linaje real en retratos, así como la desaparición de los cuerpos tras la masa decorativa de los trajes. Los reyes parecen prometer su lealtad al gobernante musulmán, lo que diferencia el fresco de otros ornamentos decorativos; el objetivo aquí es afirmar el poder del gobernante musulmán sobre sus rivales.

© VISIT JORDAN

Frescos en el interior del castillo de Qusair 'Amra.

▶ **Otros frescos de la sala de audiencias.** El príncipe y su trono en la alcoba central de la sala de audiencias parecen inspirados en el arte bizantino y también simbolizan el poder omeya. El trono arquitectónico y las dos figuras laterales se asemejan a las representaciones de los manuscritos siríacos. En el ábside de la sala de audiencias, una figura tumbada bajo una sábana es observada por un querubín y una figura de Eros. Otra escena muestra a luchadores de aspecto antiguo. A su izquierda, una pelea entre un león y una gacela evoca la de Khirbat al-Mafjar en Jericó. En la misma sala, una cacería de onagros evoca los mosaicos romanos, pero también la actividad favorita del rey sasánida Bahram Gour. La gran escena del lado sureste de la sala de audiencias muestra una figura femenina que recuerda a la diosa Afrodita frente a una piscina rectangular. Las mujeres la observan desde un balcón, ocultas tras una valla.

▶ **Frescos de los baños.** En la sala de los baños calientes, las figuras femeninas desnudas están acompañadas por niños. El estilo adoptado para las representaciones figurativas debe mucho a otros centros artísticos del mundo mediterráneo. Los opulentos desnudos de las mujeres, con sus cuerpos morenos, recuerdan al arte copto. Sus elaborados peinados evocan las representaciones palmirenas. Y los pequeños rostros redondos con grandes ojos hacen referencia al arte parto, sasánida y copto.
La cúpula del *caldarium* también está ricamente decorada con un cielo astrológico, con los signos del zodíaco de la mitología grecorromana. Probablemente

© RAMILLAH - SHUTTERSTOCK.COM

Detalle de un fresco de Qusair 'Amra.

fueron copiados de un antiguo globo terráqueo. Se trata de la primera representación del cielo que se conoce en el arte islámico y refleja el gusto de los científicos musulmanes por este tema, que fue uno de sus principales campos de investigación y llevó a la creación de observatorios, manuscritos astronómicos, astrolabios, etc. Esta decoración puede compararse con las ilustraciones del *Libro de las estrellas fijas* (1009). Las constelaciones están personificadas, como en los modelos antiguos. En 2017, el Istituto Superiore per la Conservazione e il Restauro se hizo cargo de la renovación de las pinturas murales del castillo.

QASR KARANAH

En medio de una llanura, veinte kilómetros después del Qusair 'Amra, se alza Qasr Karanah, el más grande y

VISITA

Castillo de Qasr Karanah.

también el mejor conservado de todos estos castillos del desierto.

Los omeyas fueron quienes lo construyeron: los grafitis en caracteres en caligrafía cúfica en una de las puertas de la planta superior sitúan la edificación en el año 710. Las inscripciones griegas que se encuentran alrededor del lugar indican que ya estaba ocupado por los ejércitos romanos o bizantinos.

Las opiniones de los investigadores sobre su papel son bastante divergentes. A tenor de su aspecto masivo, se puede suponer que se trataba de una fortaleza. Sin embargo, los arqueólogos no están totalmente de acuerdo y afirman que los cimientos de las torres no son lo suficientemente sólidos. Además, la fortaleza no tiene cisterna ni un sistema para conducir el agua, lo que demuestra que no pudo ser habitada de forma continua. Otros apoyan la tesis de que fue un caravasar, donde se detenían los comerciantes y sus monturas, pero el lugar no se halla en ninguna ruta comercial. La última hipótesis es que el castillo podría haber servido como lugar de encuentro donde se reunían los jeques beduinos de la región y los soberanos omeyas.

QUSAIR MUSHATTA

Mushatta fue el proyecto de construcción más grande y ambicioso de los omeyas en el desierto. Su nombre significa «residencia de invierno». El palacio fue construido alrededor del año 743 bajo las órdenes del califa Walid II, príncipe artista, que parece que también fue patrocinador de Khirbat al-Mafjar (Jericó) unos años antes de que su dinastía (la de los omeyas) sucumbiera ante los gobernantes abasidas, cuya sede se encontraba en Bagdad. Al parecer, Walid II quería erigir toda una ciudad en este lugar, pero fue asesinado por los obreros, que ya no podían soportar más el sufrimiento de ver como muchos de sus compañeros morían de sed. Por tanto, la fortaleza nunca fue terminada. Se cree que los obreros estaban obligados a estos trabajos, y lo hacían bajo las órdenes de un pequeño número de maestros. Entre las marcas que dejaron los albañiles figuran algunas en forma de cruz, lo que da testimonio de la participación de cristianos, mientras que los dibujos sasánidas hacen suponer que algunos probablemente procedían de Irán. En verano, tenga cuidado con las serpientes que a veces aparecen en el yacimiento.

MAR MUERTO

El mar Muerto, situado entre Jordania e Israel, es sin duda uno de los lugares más curiosos del planeta. A unos 400 metros por debajo del nivel del mar (el de verdad), la superficie del mar Muerto es el punto más bajo del planeta. Es un mar interior, o un lago salado, que se extiende a lo largo de 65 kilómetros de longitud y 18 kilómetros de ancho. Alimentado por el río Jordán, debe su fama a su salinidad excepcional: una media del 25 % de concentración salina, mientras que el agua de mar normal cuenta con menos del 4 %, es decir seis veces más salada. La consecuencia de ello es que ningún ser vivo puede sobrevivir en tales condiciones: ni peces ni algas… Eso le ha valido que los griegos le dieran su nombre de «mar Muerto». De todas formas, no es del todo cierto: se han descubierto algunos microorganismos que se han adaptado a esa elevada salinidad. El mar Muerto tiene concentraciones muy altas en sales minerales: magnesio, sodio, bromuro, calcio y potasio. A partir de la década de 1980, el Estado jordano comenzó a explotar la potasa del agua. Se han acondicionado estanques de evaporación en el sur de la aglomeración de agua que permiten extraer más de un millón de toneladas de potasa al año.

◗ **Orientación.** En la actualidad, el mar Muerto está dividido en dos partes distintas. La cuenca sur es tres veces más pequeña que la norte, y no supera los diez metros de profundidad. Sus aguas son especialmente saladas, con la presencia de concreciones de sal en sus orillas, y cuenta con marismas salinas explotadas. Las dos cuencas están separadas por una lengua de arena, más ancha en el lado jordano; en la parte israelí, acondicionaron un canal para que las dos cuencas siguieran comunicadas, de manera que la parte norte, que cuenta con más volumen de agua, siga alimentando la cuenca sur.

◗ **Turismo.** La mayoría de los viajeros (y de los jordanos) vienen solo para bañarse, o más bien para flotar, ya que es imposible nadar. Es una experiencia difícil de olvidar, así que no se la pierda. También vienen a disfrutar de los tratamientos de balneoterapia que se ofrecen por doquier. Pruebas químicas han revelado que el mar Muerto contiene concentraciones muy elevadas de sales minerales, lo que le confiere al agua y al barro unas propiedades curativas conocidas desde la Antigüedad.

Pero en los alrededores también encontrará otras curiosidades. En el norte se halla Betania, el lugar donde Cristo habría sido bautizado. Más al sur, podrá visitar el santuario de Lot, donde se cree que pudieron estar las ciudades bíblicas de Sodoma y Gomorra. Para los amantes del senderismo y el barranquismo, la reserva del Wadi Mujib está a escasos kilómetros.

VISITA

BETANIA (AL-MAGHTAS)

En el pasado tuvo lugar un descubrimiento muy importante en el norte del mar Muerto, a orillas del río Jordán, donde se halló el sitio donde vivió san Juan Bautista y donde Jesús habría sido bautizado.

Este lugar, llamado Betania, se menciona claramente en el *Evangelio de San Juan:* «Esto ocurría en Betania, al otro lado del río Jordán, donde Juan estaba bautizando» (Juan 1: 28). Los arqueólogos llevaban mucho tiempo inspeccionando el lugar para confirmar sus sospechas. No obstante, durante mucho tiempo fue imposible acceder a la zona, situada en la frontera entre Jordania y Palestina (Cisjordania), porque estaba cerrada. Las excavaciones comenzaron en 1996 y aún continúan hoy en día: hasta ahora han descubierto restos desde la Edad del Bronce hasta el período omeya. Destacan unas ruinas del siglo I, un monasterio bizantino, numerosas iglesias e instalaciones (sobre todo pilas de agua) que servían para acoger a los peregrinos y candidatos al bautismo. Estos descubrimientos demuestran la ocupación del lugar durante en la época en que vivió Cristo y la asidua asistencia de peregrinos durante muchos siglos. Es una excelente noticia para las autoridades jordanas, que tienen la intención de hacer del lugar un importante centro de peregrinación. De hecho, el lugar del bautismo se había situado mucho tiempo atrás en Qasr el-Yahud, al otro lado del río Jordán, aunque los arqueólogos nunca pudieron encontrar realmente ninguna prueba que lo confirmase. Pero acudían muchos turistas y peregrinos, que aportaban pingües beneficios a la economía turística israelí o a la Autoridad Palestina. Hoy reconocido por arqueólogos y teólogos, el yacimiento del lado jordano está en pleno desarrollo.

El papa Juan Pablo II visitó Betania como parte de una peregrinación a Tierra Santa en marzo del año 2000. El 10 de mayo de 2009, Benedicto XVI también vino aquí, y más tarde fue el turno del papa Francisco, que vino a meditar el 25 de mayo de 2014. En esa ocasión, se dirigió a una multitud de palestinos, jordanos y refugiados de Siria e Irak, denunciando las atrocidades de la guerra.

■ EL SITIO DONDE JESÚS FUE BAUTIZADO
℗ +962 79 595 8960
www.baptismsite.com

En nuestra última visita, el recorrido solo incluía el lugar del bautismo de Jesús (a partir de la iglesia de San Juan Bautista) y el río Jordán.

▶ **Tell Mar Elias,** el lugar donde se dice que el profeta Elías ascendió al cielo en un carro de fuego. Un arco, construido en 1999, se alza en el emplazamiento de una iglesia que data de los siglos IV y V.

▶ **Una sala de oración** se encuentra unos metros más allá, con fragmentos de mosaicos en el suelo. Data del siglo III y es el edificio más antiguo del lugar, uno de los primeros santuarios cristianos descubiertos hasta la fecha.

▶ **La gruta de San Juan Bautista** está situada en una colina que domina el río Jordán, junto a un monasterio construido en el siglo V. Fue acondicionada para convertirse en iglesia en los albores del cristianismo. Los mosaicos que cubren el suelo de la nave están dañados, pero aún se puede apreciar su belleza. Las inscripciones griegas han permitido fechar el edificio. Una iglesia situada al oeste de la colina data de la misma época. Las cuevas cercanas, probablemente frecuentadas por ermitaños, atestiguan la presencia y el papel del monasterio. También se puede ver un pozo, una cisterna, desagües y varias albercas utilizadas por los peregrinos que venían a bautizarse.

▶ **Al oeste, a unos 800 metros,** se encuentran los restos de un edificio bizantino del siglo V o VI, posiblemente un dormitorio para los peregrinos, con un gran estanque con capacidad para trescientas personas. A continuación, verá la fuente de Juan Bautista, uno de los numerosos lugares donde se dice que el santo bautizó a sus discípulos.

▶ **Iglesia de San Juan Bautista.** El paseo discurre por un sendero sombreado, rodeado de exuberante vegetación, que bordea el Wadi al-Jarrar, afluente del Jordán. Este camino conduce a las ruinas de varias iglesias. Una de ellas es la iglesia de San Juan Bautista, construida en el siglo VI, de la que quedan pocos vestigios. Se edificó sobre las ruinas de una iglesia del siglo V, construida a su vez sobre el emplazamiento de otra iglesia del siglo IV, que habría sido arrasada por inundaciones o algún terremoto, muy comunes en la época. Estas iglesias flanqueaban la pila bautismal, a la que se accedía por una escalera en forma de cruz. Se calcula que el yacimiento albergó unas quince iglesias. Los trabajos arqueológicos continúan.

▶ **Río Jordán.** Si sigue en la misma dirección, llegará hasta el Jordán. No espere un gran río espectacular. Aquí es solo un arroyo fangoso, a veces casi seco. La bandera israelí ondea en la otra orilla. La importancia del río es sobre todo histórica y simbólica, como lo es esta visita.

SWEIMEH

Sweimeh no es una ciudad propiamente dicha, sino un lugar al norte del mar Muerto en el que se encuentra una alineación de complejos hoteleros, a cuál más lujoso, alternados con playas públicas

populares donde los habitantes de Amán vienen los fines de semana a divertirse y relajarse con la familia o con amigos.

■ **CALLIRHOE**
Se encuentra a doce kilómetros al sur del hotel Mövenpick, un poco después de cruzar el puente sobre el Wadi Zarqa, el río que alimenta los manantiales de Hammamat Ma'in. Herodes solía venir aquí para tratar su reumatismo. En 1807 se descubrió un pequeño yacimiento arqueológico que incluía los restos de un puerto y unas termas romanas. Es posible bañarse (gratuitamente) en el mar Muerto. Para ello deberá descender por el Wadi Zarqa, empezando bajo el puente que lo cruza, y meterse en las piscinas naturales del río (agua no potable). Pero debe saber que los viernes y los sábados, el lugar suele estar bastante lleno.

■ **COMPLEJO PANORÁMICO DEL MAR MUERTO**
Carretera de Ma'in
✆ +962 5349 1133
Este complejo cultural gestionado por la RSCN es una visita obligada por sus espléndidas vistas sobre el mar Muerto. Dispone de tienda, museo y cafetería.

▶ **Zara Cliff Walk.** Un sendero lleva hasta la cima del monte Zara, donde las vistas son impresionantes. Es difícil creer que aquí está al nivel del mar.

▶ **Museo del mar Muerto.** Este museo le proporcionará mucha información sobre la región: ecosistemas, historia de los pueblos que pasaron por aquí, futuro incierto del mar Muerto.

WADI MUJIB

Este cañón por el que fluye el Wadi Mujib se ha convertido en una reserva natural, gestionada por la RSCN desde 1987, que

Mujib Dam es una presa que se extiende en la reserva del Wadi Mujib.

organiza excursiones en el territorio. Situada a 410 metros bajo el nivel del mar, es la reserva más baja del planeta. Se caracteriza por que se producen grandes variaciones de altitud en una superficie reducida (210 km^2): desde el mar Muerto hasta el pico más alto (900 m), hay 1300 metros de desnivel. Esto hace que el lugar cuente con una flora y una fauna muy variadas: aquí se pueden encontrar 420 especies de plantas, así como 200 especies de aves, entre ellas magníficas rapaces (buitre leonado) y aves migratorias. Entre los mamíferos, destacan el íbice alpino, reintroducido tras haber desaparecido, el caracal (magnífico felino salvaje de orejas puntiagudas), el lobo gris, la mangosta y la hiena, todos ellos amenazados por la caza intensiva, y ahora protegidos gracias a la reserva. Podrá disfrutar de este magnífico paraje natural recorriendo las numerosas rutas de senderismo (es obligatorio llevar guía), escalando las espectaculares paredes y bañándose en las pozas y bajo las cascadas. La zona también es ideal para practicar barranquismo (una combinación de senderismo, natación y escalada).

CARRETERA
DEL WADI ARABA

Esta pequeña carretera que une el mar Muerto con Áqaba sigue el trazado de la frontera con Israel (lleve el pasaporte a mano), cruzando el valle del Araba, de 177 kilómetros de longitud. Este valle es la prolongación de la gran depresión que parte de los montes Tauro (en Turquía) y recorre el valle del Orontes (en Siria) y el del Jordán, y que se extiende hasta el mar Rojo. Fue el camino que atravesaron los hebreos durante el Éxodo. Por supuesto, ahora está asfaltado.

A lo largo del mar Muerto encontrará una serie de complejos hoteleros y playas públicas, la «playa de Amán», como la llaman aquí. Después, no se cansará de estos paisajes interminables dominados por el rojo, el color del sol sobre las montañas. Se pueden ver las dos cuencas en que se divide el mar Muerto por un lado, y, por el otro, la montaña horadada por los cañones que el Wadi Mujib ha ido excavando con el paso del tiempo.

Más al sur, la carretera se llena de camiones que vienen de Potash City, una ciudad dedicada a la potasa, con sus chimeneas de aluminio irrumpiendo en el cielo azul.

¡Si tiene que viajar por la noche, tenga mucho cuidado con los camellos salvajes y los bancos de arena que el viento empuja sobre la vía!

En cambio, por la mañana, con el sol iluminando el paisaje, la travesía del Wadi Araba es mágica. En una carretera casi desierta, encontrará camellos solitarios y pastores con sus burros y cabras cerca del pueblo de Safi, además de poder contemplar las dos cuencas del mar Muerto bajo una luz incomparable. Una experiencia única.

SAFI (FIFA)

Safi es un pequeño pueblo rural situado después de Potash City, donde se cruzan la carretera del Wadi Araba, que atraviesa el desierto hasta Áqaba, la carretera del mar Muerto y la carretera que va a Tafila y Dana. La población trabaja en la fábrica de potasa de la ciudad vecina, pero también en el campo, ya que en este oasis subtropical situado en la fértil franja que separa el mar Rojo del mar Muerto, crecen palme-rales, plataneros y cultivos hortícolas en abundancia: tomates, berenjenas, pepino, patatas… Es un lugar donde se respira autenticidad. No es raro cruzarse con los pastores subidos a lomos de sus burros junto a la carretera o con camellos salvajes solitarios vagando por el desierto (cuidado si va en coche). La carretera que sube hacia Tafila ofrece magníficas vistas del oasis. Deténgase junto a la carretera para admirar las salinas justo antes de Safi.

■ CUEVA Y MONASTERIO DE LOT

Al igual que las ciudades de Sodoma y Gomorra, este lugar fue el escenario de algunos de los acontecimientos más dramáticos del Antiguo Testamento, entre ellos la historia de Lot, el sobrino de Abraham. Según la leyenda, su esposa fue convertida en una estatua de sal por desobedecer a Dios. Se dio la vuelta en su huida para ver cómo ardía Sodoma. La Biblia relata que Lot y sus dos hijas sobrevivieron y se refugiaron en una cueva cerca de la pequeña ciudad de Zóar (hoy Gawr as-Safi). Las hijas de Lot dieron a luz a hijos cuyos descendientes se convertirían en los amonitas y los moabitas. Sus reinos estaban situados en lo que hoy es el centro de Jordania. En el siglo VI, los cristianos bizantinos construyeron una iglesia dedicada a san Lot en una ladera sobre la ciudad. El famoso mosaico de Madaba, que representa un mapa de Palestina, sitúa claramente la antigua Zóar en el emplazamiento de la actual Gawr as-Safi. Por otra parte, las palabras *Zóar* y *Segor* son equivalentes y significan «pequeño», una en siríaco y la otra en hebreo. Así, pues, es bastante probable que la cueva cercana a Gawr as-Safi sea la que ocupó en su día el sobrino de Abraham. La iglesia fue descubierta por equipos de arqueólogos hace unos años. Parece que fue abandonada a mediados del siglo VIII, seguramente tras el gran terremoto que sacudió la región. La cueva y el monasterio se pueden visitar.

■ **RESERVA NATURAL DE FIFA**
Fifa es una reserva de 27 kilómetros cuadrados situada al sur del mar Muerto, en la frontera con Israel. Se encuentra en el punto más bajo del planeta, a 426 metros por debajo del nivel del mar. Este oasis subtropical es una bendición para esta árida región. Es un refugio para muchas aves migratorias y alberga especies vegetales endémicas en peligro de extinción. También atrae a los animales que vagan por las llanuras del desierto del Wadi Araba, como el lobo sirio y el caracal.

BAB EDH-DHRA (SODOMA)

En la Torá (los cinco primeros libros del Antiguo Testamento para los cristianos), cinco ciudades del mar Muerto se mencionan en el relato de una guerra entre soberanos caldeos: Sodoma, Gomorra, Admá, Séboím y Bela (o Segor) (Gen. 14: 2), todas ellas situadas en la carretera del Wadi Araba. El enfrentamiento habría tenido lugar «en la llanura de Sidim». Los reyes de Sodoma y Gomorra fueron derrotados, se dieron a la fuga y cayeron en pozos de alquitrán, donde perecieron. La llanura de Sidim se define como un mar de sal. Probablemente estaba situada al sur de Safi, porque la parte sur del mar Muerto es posible que estuviera seca y allí el subsuelo es geológicamente rico en potenciales pozos petroleros.

En 1924, se localizaron los restos de una ciudad antigua en Bab ed-Drha, cerca de Safi. Más recientemente, a partir de 1973, los arqueólogos Walter Rast y Thomas Schaub realizaron excavaciones en el marco de un amplio programa llamado *Expedition of the Dead Sea Plain*.

En la región sureste del mar Muerto, descubrieron los vestigios de cuatro ciudades alineadas según un eje norte-sur al límite de la meseta jordana: Numeira, Safi, Fifa y Khanazir. Sus investigaciones permitieron revelar que todas estas ciudades estaban habitadas durante la Edad del Bronce Antiguo, es decir, entre el 3300 y el 2300 antes de nuestra era. En dos de ellas, Bab ed-Dhra y Numeira, lo que hallaron demuestra una brutal destrucción, con terremotos e incendios, por lo que podrían considerarse seriamente como Sodoma y Gomorra. Así, pues, Sodoma correspondería a Bab ed-Drha y Gomorra a Numeira, Segor sería Safi, Admá estaría en Fifa y Séboím en Khanazir. ¡Increíble!

■ **BAB EDH-DHRA Y NUMEIRA (SODOMA Y GOMORRA)**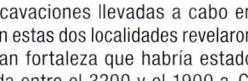
Las excavaciones llevadas a cabo en 1920 en estas dos localidades revelaron una gran fortaleza que habría estado habitada entre el 3200 y el 1900 a. C. La evidencia de un abandono repentino sugiere que se trata de las ciudades bíblicas de Sodoma y Gomorra. Sin embargo, las ruinas no son muy espectaculares. En ambos casos, el interior de las viviendas reveló una capa de ceniza y paredes inclinadas por una fuerza externa. En Numeira también quedan los restos de una torre derrumbada.

VISITA

CAMINO DE LOS REYES

Es la más bella y pintoresca de las carreteras que cruzan Jordania de norte a sur. Esta ruta histórica se ha utilizado durante miles de años. En tiempos bíblicos, se dice que Moisés, tras subir al Sinaí, pidió permiso al rey de los edomitas para atravesar su región y llegar a la Tierra Prometida. Posteriormente fue utilizada por los nabateos, que fundaron Petra; las caravanas que viajaban entre Siria y Arabia; los romanos; los cruzados, que construyeron las fortalezas de Karak y Shawbak; por los peregrinos que se dirigían a La Meca… Los cristianos bizantinos también dejaron su huella en la pequeña ciudad de Madaba, famosa por sus mosaicos.

Entre colinas y valles, el Camino de los Reyes atraviesa paisajes excepcionales y numerosos pueblecitos que aún albergan vestigios de épocas pasadas. Entre ellos, el pueblo de piedra de Dana marca la entrada a la mayor reserva natural del país, un paraíso para los senderistas y hogar de una flora y fauna excepcionales.

MONTE NEBO ⭐⭐

El monte Nebo se encuentra a 8 kilómetros al norte de Madaba. Según la historia, desde esta pequeña colina, que se eleva a una altura de poco más de 800 metros, Moisés contempló la Tierra Prometida a la que Dios le había prohibido el acceso. El profeta murió allí a la edad de 120 años y fue enterrado en los alrededores (se desconoce la ubicación exacta de la sepultura). Los primeros cristianos bizantinos construyeron una basílica en la cima en el año 393 en homenaje al gran patriarca. El lugar se convirtió entonces en un paso obligatorio a partir del siglo VII para los peregrinos de todo el mundo. La peregrinación partía de Jerusalén, pasaba por Jericó, Ayun Musa («los pozos de Moisés»), el monte Nebo y terminaba con un baño en las aguas termales de Ma'in. Los franciscanos de Tierra Santa, en 1936, compraron el lugar y limpiaron las ruinas de la iglesia, que había estado enterrada durante más de tres siglos. Las excavaciones revelaron que la basílica tenía tres naves y estaba cubierta de mosaicos cuyos dibujos representaban escenas de la vida pastoral (como en la mayoría de las iglesias de Madaba) y animales. Además del interés histórico del sitio, la cima del monte Nebo ofrece unas magníficas vistas del valle del Jordán y del mar Muerto (1200 metros más abajo).

■ YACIMIENTO DEL MONTE NEBO ⭐⭐

▶ **Museo.** Échele un vistazo al pequeño museo que hay en la entrada del yacimiento, que alberga unos preciosos mosaicos. Después podrá visitar los restos de la basílica bizantina y los hermosos mosaicos que se han descubierto. Uno de ellos, de 9 x 3 metros, data del año 530 y representa escenas pastorales y de caza, así como numerosos animales: avestruces, cebras, leones…

El estado de conservación es excepcional. De camino al ábside, se pueden ver otros mosaicos, entre ellos uno que representa a dos gacelas al pie de una palmera datilera. Las autoridades han habilitado un pequeño edificio para proteger los restos cerca del monasterio franciscano.

▶ **Panorámica.** En la parte trasera del recinto, desde el mirador, se puede disfrutar, en un día claro, de una extraordinaria vista de las montañas y valles circundantes: el mar Muerto, las montañas de Judea, el oasis de Jericó, el valle del Jordán… Incluso se puede ver Jerusalén, que está a 45 kilómetros. Un panel de orientación le ayudará a situarse.

Cerca del mirador, también verá una gran cruz de bronce que domina el valle: este monumento es obra de Gian Paolo Fantoni, artista de una escuela de arte florentina. Representa la serpiente levantada por Moisés en el desierto y la crucifixión de Jesús. La renovación del monumento dedicado Moisés se completó en 2016, tras varios años de trabajo.

Como información, añadir que el monte Nebo no es el pico más alto de la región, sino que es simplemente el último pico antes de la vasta depresión de Ghor.

KHIRBET AL-MUKHAYYAT

La antigua aldea de Nebo, mencionada en la Biblia, estaba situada en el lugar donde se halla el actual *tell* (relieve constituido por restos arqueológicos) de Khirbet Al-Mukhayyat. La visita merece la pena por el mosaico que alberga, muy bien conservado, y la vista de los alrededores.

TELL HESBAN

Cerca del pueblo de Hesban, al norte de Madaba (10 km) y no lejos del monte Nebo, este yacimiento arqueológico resulta interesante para los verdaderos apasionados de la disciplina, los demás

© AHMAD ATWAH – ISTOCKPHOTO

Madaba.

solo disfrutarán de las magníficas vistas. Se trataría de la antigua Hesbón mencionada en la Biblia. El lugar estaba ocupado ya en la Edad del Hierro. Luego la ciudad pasó a estar integrada en el reino de los amonitas y más tarde se convirtió en una ciudad fortificada codiciada por Herodes el Grande. Durante el período romano pasó a llamarse Esbus y, en el siglo IV, era conocida por ser un importante obispado. Con los abasidas cumplió una función de fortaleza (siglo IX), conquistada por los mamelucos en el siglo XIV, y luego ya no se oyó hablar más del lugar. Actualmente, solo quedan restos de la Edad del Hierro (cisterna), cuevas ocupadas desde el Neolítico, algunas vías y edificios (templo) romanos, o algunas iglesias bizantinas en ruinas.

MADABA

Si dispone de un poco de tiempo, las fuentes termales y los baños de Hammamat Ma'in (no confundir con la ciudad de Ma'in) constituirán una parada agradable entre Madaba y el mar Muerto. En total, hay más de sesenta piscinas alimentadas por fuentes termales calientes, cuyas temperaturas se aproximan a los 60 °C. Una de ellas es especialmente espectacular: una cascada de casi 50 metros de altura alimenta una de las piscinas más grandes del sitio, con un agua rica en azufre, carbonato de sodio y cloruro potásico.

Las virtudes terapéuticas de las fuentes, conocidas ya en la antigüedad por personajes ilustres como Herodes, son utilizadas por un gran complejo turístico, el Janna Spa & Resort, que incluye un centro termal, un hotel y un restaurante. La carretera para acceder a las fuentes es magnífica. Desde la ciudad de Madaba, ofrece paisajes y vistas extraordinarias sobre los coloridos valles que conducen al mar Muerto.

■ IGLESIA DE SAN JORGE Y MAPA DE PALESTINA
Talal Street

La iglesia ortodoxa de San Jorge, construida en 1986, cuenta con hermosos iconos. Pero sobre todo alberga el primer mapa de Palestina, también conocido como *Mapa de Madaba*. Fue realizado sobre el suelo de la anterior iglesia bizantina del siglo VI. El mapa es considerado un tesoro histórico, ya que es la representación más antigua de Tierra Santa, especialmente de Jerusalén. Una dedicatoria escrita en griego en un depósito bajo la iglesia ofrece a los historiadores una valiosa pista sobre la fecha de construcción de la iglesia bizantina: «Esta es la obra que nuestro piadosísimo emperador Flavio Justiniano hizo realizar con munificencia, bajo los auspicios del santísimo Constantino, sacerdote y higúmeno, en el año 13 de la indicción», es decir, después del año 550. El mosaico es obra de artistas desconocidos y probablemente fue realizado por iniciativa de la comunidad cristiana de la ciudad, que fue un importante obispado durante la época cristiana bizantina. Desafortunadamente, el maestro de obras de la nueva iglesia ortodoxa no se dejó impresionar por esta magna obra de la antigüedad y se preocupó poco de conservarla o incluso por mejorarla. No se le ocurrió nada mejor que plantar pilares en medio de un gran fragmento. Secciones enteras del mapa desaparecieron en el transcurso de los trabajos, especialmente la parte que describe la región entre Hebrón y Beerseva.

Este personaje le restó la importancia que merece el mosaico, hasta el punto de que apenas está protegido por un cordón de seguridad que hay que recorrer repetidamente para apreciar los detalles.

El mapa tenía originalmente un tamaño bastante excepcional (21 metros por 7 metros, frente a los 16 metros por 5 metros actuales) y estaba compuesto por más de dos millones de teselas.

La obra representa Tierra Santa, desde el Líbano hasta el Bajo Egipto y el delta del Nilo, incluyendo los lugares mencionados tanto en el Nuevo como en el Antiguo Testamento. El territorio está representado con un realismo y una atención al detalle asombrosos. Se pueden ver, por ejemplo, barcos que cruzan el mar Muerto, peces que remontan el río Jordán para no acabar como pescado en salmuera en el mar salado o puentes que atraviesan el río…

Los artistas utilizaron letras de diferentes tamaños y colores (negro, blanco y rojo) que mencionaban los nombres de los territorios bíblicos, así como la importancia relativa de las ciudades. Hay más de 150 leyendas escritas en letras griegas, que han sido identificadas en su totalidad. Jerusalén (rodeada de murallas) y los principales lugares sagrados están, por supuesto, incluidos en esta lista, así como los nombres de todas las tribus que poblaban la región en aquella época. Este mapa proporciona mucha información a los historiadores, especialmente sobre el tamaño y la influencia de las diferentes ciudades en el siglo VI, o la flora y la fauna que se podían encontrar en las diferentes regiones. Más allá de su interés histórico o geográfico, el mapa es una verdadera obra de arte

en sí mismo. Muestra colores ricos y profundos, y una vertiginosa profusión de detalles.

▶ **Ciudades.** Las ciudades están dibujadas con precisión, como un mapa urbano sin perspectiva. Se puede ver Jericó con sus palmeras, Belén, Gaza, Ascalón (Israel), Pelusio (Egipto), Flavia Neaoplis (Nablus) y Karak. Jerusalén es reconocible por sus dos *cardines maximi* revestidos de columnas, la puerta de Damasco o la iglesia del Santo Sepulcro, coronada por una cúpula dorada.

▶ **Alrededores.** Se puede apreciar claramente la organización del espacio de la provincia de Palestina, articulada en torno a un eje principal constituido por el río Jordán, que desemboca en el mar Muerto. Los dibujos evocan muy bien los paisajes visibles en Palestina (montañas oscuras, valles luminosos). Si se observa con detenimiento, se puede ver un león (bastante particular, ya que está hecho de pequeños cuadrados de mosaico) persiguiendo a una gacela en el desierto de Moab.

▶ **Leer el mapa.** Puede resultar muy útil comprar el plano que se vende en la tienda de bienvenida si quiere entender los innumerables detalles del mapa. En primer lugar, debe saber que este está orientado al este (el este está arriba). Por tanto, el norte está a su izquierda. Jerusalén, con sus murallas, torres y puertas, ocupa un lugar central y es la verdadera obra maestra del mosaico. Proporciona información valiosa sobre el trazado y la arquitectura de la ciudad en el siglo VI. Muestra el *cardo maximus,* la arteria principal que divide la ciudad en dos (con la puerta de Damasco en su extremo norte), y la iglesia del Santo Sepulcro. Las murallas de la ciudad están jalonadas por veintiuna torres, la principal de las cuales es la conocida como torre de David, atravesadas por solo seis puertas, la última de las cuales, la puerta Nueva, data de 1890.

Al sur de Jerusalén (a la derecha) está Belén. También reconocerá otros lugares: el valle del Jordán, sembrado de palmeras, y el mar Muerto, representado con barcos y marineros. En las orillas se pueden ver leones y gacelas. Debajo de la desembocadura del Jordán se encuentra el oasis de palmeras de Jericó. En la parte derecha del mapa se pueden ver los coloridos picos del Sinaí, y no muy lejos, en el extremo sur, el delta del Nilo.

■ SALA DE HIPÓLITO

Este mosaico, que adornaba el suelo del salón de una villa privada del siglo VI, se conoce desde 1902. El propietario de la casa lo descubrió mientras hacía obras en los cimientos. Sin embargo, el descubrimiento fue parcial y el fresco completo no se descubrió hasta 1982, cuando se realizaron excavaciones en la entrada de la cercana iglesia de la Virgen María. Es único en Jordania y hace referencia a la tragedia de Fedra. El fresco consta de tres paneles. El primero representa la caza, de la que Artemisa era la diosa griega. Las cuatro estaciones están representadas en las cuatro esquinas del panel. El segundo panel muestra a Fedra e Hipólito, que simbolizan la pasión culpable. Y el tercero muestra a la diosa Afrodita, sentada junto a Adonis, blandiendo una lanza mientras amenaza a un querubín. En la esquina superior izquierda aparecen tres mujeres en compañía de monstruos marinos, que simbolizan tres ciudades: Roma, Gregoria y Madaba. Los temas y personajes representados están tomados de la tragedia de Eurípides. Hipólito es el hijo de Teseo y de una amazona. Cuando esta muere, Teseo se casa con Fedra. Hipólito adora a Artemisa y, como ella, elige el camino de la castidad. Afrodita intenta seducir a Hipólito, pero este la desprecia. En venganza, hechiza a Fedra, que se enamora de su yerno. Ella se le insinúa, pero él la rechaza. Desesperada, se suicida dejando una carta en la que acusa a Hipólito de haber intentado seducirla. Teseo destierra a su hijo.

■ MUSEO ARQUEOLÓGICO DE MADABA

Ubicado en casas antiguas, algunas de ellas con mosaicos, este museo arqueológico cuenta con una rica colección. Los mosaicos más interesantes muestran un sátiro desnudo junto a una bacante bailando con címbalos, y otro muestra un cordero junto a un árbol. El museo también alberga restos arqueológicos (ánforas, armas), así como una sección dedicada al folclore beduino y a la artesanía local (alfombras, cofres, armas).

■ PALACIO QUEMADO (BURNT PALACE)

Hussein Bin Ali Street

En esta antigua e imponente residencia privada del siglo VII, descubierta en 1905, las excavaciones revelaron varios tramos o fragmentos de mosaicos en el suelo. Se cree que el palacio, situado en una antigua calzada romana, se incendió en la época bizantina, posiblemente durante el terremoto del año 749, y que posteriormente fue abandonado. Aunque casi no quedan vestigios del palacio, con sus salones abovedados y sus columnas, los suelos son testigos de la riqueza de sus propietarios.

El mosaico del vestíbulo representa escenas pastorales y de caza, y en la entrada, se aprecian un par de sandalias en un medallón. En la ampliación del edificio hay varias salas, todas ellas con fragmentos de pavimentos de mosaico más o menos bien conservados. En las salas del norte hay una estatua de Tique, la diosa griega de la buena fortuna, y un fragmento de una creación que representa las cuatro estaciones. La sala del ala oeste cuenta con una sucesión de diseños geométricos que forman una elegante alfombra en el suelo, en cuyo centro se encuentra la obra maestra del conjunto: un león matando a un toro.

Cerca del palacio incendiado se hallan también los escasos restos de la iglesia de los Mártires (al-Khadir), que data del siglo VI. Lamentablemente, su pavimento de mosaicos sufrió graves daños durante el período iconoclasta dirigido por los omeyas y las siguientes dinastías musulmanas.

HAMMAMAT MA'IN

Las fuentes calientes de Hammamat Ma'in son conocidas desde la antigüedad para curar el reumatismo. Al parecer, el mismo Herodes vino a curarse aquí. Hoy se puede ir para relajarse después de un cansado día de turismo.

MUKAWIR

En el Camino de los Reyes, en Libb (entre Madaba y Karak), una pequeña carretera parte hacia la derecha en dirección al pueblo de Mukawir (20 km). De tamaño modesto, es bastante famoso porque alberga la fortaleza inexpugnable de Maqueronte.

Fue construida bajo las órdenes de Alejandro Janneo, rey asmoneo de Judea, hacia el año 100 a. C. en una colina cónica de 700 metros de altitud, y fue derribada por Pompeyo en el 67 a. C. Unos años más tarde, Herodes el Grande la edificó de nuevo, y construyó un magnífico palacio en el centro. Durante

© OSTILL IS FRANCK CAMHI – SHUTTERSTOCK.COM

Ma'in Hot Springs.

la Revuelta Judía (66-70 d. C.), grandes grupos de rebeldes judíos que huían de Jerusalén, saqueado por los romanos, se refugiaron en Maqueronte. Según Plinio el Viejo, la fortaleza era totalmente inexpugnable: sin embargo, cayó en el año 72 y fue totalmente arrasada.

Según la Biblia, en Maqueronte también habría tenido lugar, en el 28 d. C., el martirio de san Juan Bautista a manos de Herodes Antipas (el sucesor de Herodes el Grande), después del célebre baile de Salomé.

Hoy en día, las ruinas carecen de interés para el turista: solo quedan algunos muros, huellas de los cimientos (aquí se encontró el mosaico más antiguo de Jordania, hoy en el museo de Madaba). En cambio, el emplazamiento, esa forma de la colina coronada por los vestigios de la fortaleza, sí merece una visita. Si hace el esfuerzo de subir (10-15 minutos) hasta la cima, verá que la recompensa merece la pena: unas vistas magníficas del mar Muerto y a veces incluso de Jerusalén. En el camino y en los alrededores más cercanos podrá apreciar numerosas cuevas: según la leyenda, en una de ellas habría tenido lugar la ejecución de san Juan Bautista.

UMM ER-RASAS

Mencionada en la Biblia, Umm er-Rasas era una antigua guarnición romana (denominada Kastron Mefa'a) y después un centro importante durante el período bizantino. En la actualidad es un pueblecito que se encuentra a medio camino entre el Camino de los Reyes y la carretera del Desierto, a 32 kilómetros de Madaba. El principal interés del lugar reside en los dos magníficos mosaicos bizantinos del siglo VIII, recientemente

descubiertos. El yacimiento fue incluido en la Lista del Patrimonio Mundial de la Unesco en 2004.

■ IGLESIA DE SAN ESTEBAN ⭐

El gran yacimiento de Umm er-Rasas alberga los restos de cuatro iglesias, una capilla, un baptisterio y cuatro patios. Todos los edificios se remontan a la época bizantina y se construyeron entre los siglos VI y VIII. Una plataforma elevada permite observar con comodidad sus magníficos mosaicos. El más bello de todos, y el más importante desde el punto de vista arqueológico, es el que se encuentra en la iglesia de San Esteban. Este importante descubrimiento sacó a la luz el mayor mosaico de Jordania, en muy buen estado de conservación.

El mosaico recubre los ábsides y las tres naves de la iglesia y representa ciudades a ambos lados del valle del Jordán, escenas de la vida cotidiana en el delta del Nilo, así como bellos motivos florales y geométricos. Las inscripciones dejadas por los artífices permiten atestiguar que la obra que recubre el suelo del coro fue realizada entre marzo del 756 y octubre del 785. El largo y delicado trabajo que supone su elaboración explicarían en parte ese prolongado período, pero es probable que la falta de financiación tuviera algo que ver también. El mosaico que cubre la nave principal cuenta con un tema interesante: el río turbulento. Alrededor de este curioso elemento, se representaron las ciudades fortificadas a ambos lados del Jordán: Jerusalén (cerca de la puerta de entrada), Nablus, Sebastia, Cesarea, Ascalón y Gaza en el lado «israelí», y Kastron Mefa'a, Amán, Madaba, Hesbón, Ma'in, Rabá y Karak en el lado «jordano». Las ciudades se presentan en el orden de paso de los peregrinos.

LEHUN

Cerca de Umm er-Rasas puede visitar el yacimiento arqueológico de Lehun (a 7 km al este de Dibhan). Esta antigua guarnición romana formaba parte del *Limes Arabicus,* una serie de puestos de defensa construidos para proteger los límites del Imperio romano de los *bárbaros.* Recientemente se ha llevado a cabo un proyecto de excavación por un equipo belga. Y ha dado sus frutos, ya que los arqueólogos han encontrado vestigios que datan desde la prehistoria hasta la ocupación otomana.

KARAK

Instalada en un promontorio rocoso natural en el Camino de los Reyes, la pequeña ciudad de Karak no deja de atraer a un número creciente de turistas cada año. Este entusiasmo de los viajeros por el lugar se debe a su legendaria fortaleza cruzada erigida en las estribaciones de la colina. Formaba parte de la cadena de castillos cruzados que constituían una línea fortificada entre Áqaba y Turquía.

Karak merece realmente una parada de camino a Petra. Además de la visita de la fortaleza, tiene que darse un paseo por la ciudad, con su ambiente de pueblo, sus calles animadas y sus numerosas tiendas.

■ **CASTILLO DE KARAK**
© +962 6 567 8444
www.alkarak.net
La ciudadela de Karak, que se divisa en toda su majestuosidad desde el norte viniendo por el Camino de los Reyes, se extiende a lo largo de unos 220 metros y su anchura varía desde los 125 metros en el lado que da a la ciudad hasta los

cuarenta metros. Se empezó a construir en 1140 y las obras finalizaron dos años después. La fortaleza fue encargada por Payen el Mayordomo, nombrado señor de Transjordania en 1132 por el rey Fulco de Jerusalén. El castillo estaba destinado a formar parte de una línea defensiva estratégica para asegurar el frente oriental del territorio cristiano entre Áqaba y Turquía. Construida en dos niveles, la fortaleza cuenta con un gran número de salas abovedadas y pasajes que forman todo un laberinto. Lleve una linterna si quiere explorar las partes más recónditas. La fachada norte del castillo, que da a la ciudad, está compuesta por una enorme muralla, levantada por los cruzados con piedras de un color marrón oscuro apenas desbastadas. Más tarde, los musulmanes sustituyeron estas piedras por losas de caliza en algunas partes de la fortaleza, dando al edificio un aspecto más agradable. Durante su visita, verá que es fácil distinguir ambas construcciones.

La entrada al castillo se realiza por la puerta otomana. En la época de las cruzadas, se entraba por la poterna situada a la izquierda de la muralla, frente a la entrada actual. Esta puerta estaba protegida por un foso de treinta metros de profundidad y estaba conectada a la ciudad por un puente de madera que era fácil de quemar en caso de ataque.

▶ **Después de la taquilla,** tome el camino de la izquierda, que conduce a dos niveles de galerías abovedadas que datan de la época de los cruzados. El nivel inferior se utilizaba originalmente como establo y conduce a la puerta de los Cruzados. Esta estrecha puerta se construyó de tal manera que los defensores que tuvieran que regresar a la

© JORDI BUSH HARDY

Castillo de Karak.

muralla podían hacerlo exponiendo su flanco izquierdo al enemigo, que estaba cubierto por el escudo. Al final de la galería, una piedra tallada que representa un busto recuerda la ocupación del lugar por los nabateos en el siglo II, mucho antes de la construcción de la fortaleza. Los habitantes de Karak suelen contar que se trata de una representación de Saladino. A través de una pequeña escalera, se llega a la torre norte, ahora en ruinas.

▶ **Desde la estatua nabatea,** un pasadizo conduce al sur pasando frente a la caserna, a la izquierda, y las cocinas, a la derecha. Desde aquí, una puerta comunica con un gran horno. Continúe por el pasadizo hasta que llegue al exterior, en el frente oriental del castillo. Verá que cuenta con varias torres, que reflejan los trabajos de ampliación realizados después del período franco. Más abajo está el enorme glacis franco, que queda suspendido sobre la ladera de la colina... Al parecer, aquí fue desde

donde Reinaldo de Châtillon arrojó a los prisioneros al vacío.

▶ **Si sube al patio superior,** verá los restos de una cisterna y edificios residenciales. Desde la terraza del extremo norte del castillo (sobre la Galería de los Cruzados), la vista sobre el valle es impresionante. Se pueden apreciar fácilmente las ruinas de una iglesia románica que dominaban el patio. Era lo suficientemente grande como para albergar a toda la guarnición. Obviamente, aquí se celebraban los oficios religiosos. Junto a ella se encuentra la sacristía, a la que se accede bajando los escalones.

▶ **La parte sur del emplazamiento** conserva la torre del homenaje mameluca, construida por el sultán Baibars en 1264 y reconstruida más tarde. Servía para defender la parte más expuesta de la fortaleza, la ladera que da a la colina de Umm al-Thallaja, que se prolonga ligeramente más allá del castillo, proporcionando una posición ideal para la artillería.

▶ **Un foso** fue excavado por los cruzados a los pies de la fortaleza para dificultar cualquier ataque. Ahora está sepultado por una carretera. También se puede ver una gran cisterna, utilizada para recoger el agua de lluvia y abastecer de agua potable al castillo.

▶ **Al palacio mameluco** se accede por una escalera que parte de la cisterna. En el centro, dos salas abovedadas se utilizaban como salones de recepción. Una sala al este del vestíbulo, a la que se accede desde el patio, parece haber servido de mezquita: en el muro sur hay un nicho orientado hacia La Meca. En el lado sur de la iglesia de los cruzados hay dos pasillos: el de la izquierda conduce a siete celdas, mientras que en el de la derecha se puede ver un rosetón tallado en la piedra al pie de una escalinata. Un tercer pasillo conduce hacia el norte y lleva a la antigua plaza del mercado. Si sigue hacia el norte, llegará a la salida.

▶ **El patio inferior** fue construido originalmente por los cruzados y posteriormente acondicionado por los mamelucos en el siglo XIII. Aquí se encuentra el museo arqueológico, recientemente renovado. Merece la pena detenerse para hacer una visita. Alberga importantes restos prehistóricos, cerámicas del período nabateo, algunas monedas de la época mameluca, así como una copia de la famosa estela de Mesa, que data del 850 a. C. Lo que queda de la estela original se expone en el Museo del Louvre de París.

▶ **El muro occidental** está atravesado por la monumental entrada mameluca (ahora condenada), cuyo arco se eleva a una altura de casi doce metros. Desde lo alto de las murallas, la vista del Wadi Karak es magnífica. El patio inferior abarca dos grandes galerías subterráneas, que estaban conectadas con la puerta mameluca y proporcionaban una vía de escape en caso de ataque.

RABÁ (AR-RABBAH)

A menudo mencionada en la Biblia, Rabá es la antigua capital del reino de Moab. Conquistada más tarde por los griegos, fue renombrada como Areopolis. Centro importante, la ciudad fue destruida en el siglo IV por un terremoto. Al norte del pueblo actual se pueden ver algunas ruinas: los restos de un templo romano, columnas corintias, cisternas…

MU'TAH

Al sur de Karak, la localidad de Mu'tah alberga una gran universidad, que acoge a más de 12 000 estudiantes, con unos edificios nuevos que sorprenden entre el paisaje rocoso y desolado de los alrededores. Al principio y al final de la semana, los atascos de tráfico formados por los autobuses que transportan a los estudiantes son impresionantes.

Mu'tah es también un lugar importante para los musulmanes, ya que aquí tuvo lugar la primera batalla entre bizantinos y árabes musulmanes en el año 629. Tres líderes del ejército musulmán, compañeros de Mahoma, murieron en combate y fueron enterrados en Mazar, a tres kilómetros al sur de Mu'tah. Ahora es un lugar de peregrinación, donde se encuentra también un pequeño museo islámico.

DANA

Con una superficie de casi 300 kilómetros cuadrados, Dana es la reserva natural más grande de Jordania.

Los amantes de la naturaleza no podrán dejar de visitarla, porque es una magnífica parada entre Karak y Petra. Puede hacer una bonita excursión para descubrir una flora y una fauna ricas y variadas.

Una gran oportunidad para cambiar de perspectiva entre dos visitas a sitios arqueológicos. Un total de 800 especies vegetales (pinos, robles, enebros, cipreses) y 449 animales han sido registradas en la reserva. Aquí encontrará una interesante mezcla de especies de Europa, África y Asia, como reptiles, hienas y gacelas, o animales más raros (el gato de las arenas, el lobo sirio o el halcón).

Cerca de Shawbak, en el Camino de los Reyes, el encantador pueblo de piedra de Dana domina la reserva. Su asentamiento, cerca de cinco fuentes, se remonta al siglo XV.

Durante mucho tiempo, los habitantes vivieron en total libertad y de manera autárquica dada la abundancia de culturas. Gradualmente abandonada en la década de 1970, la localidad cayó en decadencia. Afortunadamente, se salvó gracias a un ambicioso programa de restauración. El lugar, con su extraordinaria ubicación en un espolón rocoso con vistas al valle, merecía el esfuerzo.

Gracias a este plan de desarrollo sostenible, los habitantes están directamente involucrados en la vida y el éxito de la reserva.

■ RESERVA DE LA BIOSFERA DE DANA ⭐⭐

Gracias a la excelencia del programa de conservación medioambiental llevado a cabo por la RSCN, la reserva se ha convertido en uno de los principales atractivos naturales de Jordania y en un ejemplo a seguir. Este programa inclusivo se estableció en colaboración con las poblaciones locales para que pudiesen beneficiarse de las repercusiones económicas del desarrollo turístico del lugar.

La Reserva de la Biosfera de Dana se extiende desde el valle del Rift hasta el borde del Wadi Araba, y comprende cuatro ecosistemas más o menos diferenciados. Los picos que lo rodean se encuentran entre los más altos del reino, rondando los 1600 metros de altitud, mientras que el punto más bajo de la reserva está a 50 metros por debajo del nivel del mar. La primera impresión es principalmente visual, con extraordinarias vistas desde las alturas, montañas moldeadas por el viento y grietas que se adentran en las profundidades de la tierra. Pero este desnivel también crea una sorprendente diversidad de ambientes: la reserva alberga más de 700 especies de plantas (8 endémicas), 42 especies de reptiles, 258 de invertebrados, 215 de aves y 45 de mamíferos (25 de ellas en peligro de extinción). Entre los mamíferos, se hallan el íbice, el lobo sirio, la gacela arábiga, el gato montés, el damán, la hiena parda y el raro zorro de Blandford o zorro afgano. Dana también alberga varios yacimientos arqueológicos gracias a los cuales se sabe que la zona ha estado habitada durante más de 6000 años.

Durante las excavaciones, los arqueólogos descubrieron varios grabados en piedra que representaban escenas prehistóricas de caza y pastoreo. La presencia de minas de cobre explotadas hace más de 6000 años explica este antiguo poblamiento.

VISITA

El sitio más interesante es sin duda Khirbet Feynan, en la intersección del Wadi Ghweir y el Wadi Feynan, al sur de la reserva. Aquí se pueden ver restos de iglesias y edificios de época romana, así como restos de una antigua mina de cobre.

Hay muchas rutas de senderismo en la reserva, que puede hacer por su cuenta o con un guía, con duraciones que van desde unas horas hasta varios días. Encontrará muchas paradas para pernoctar en la reserva, que también son los puntos de partida de las excursiones: Dana Guest House, Feynan Ecolodge y el campamento de Rummana (del 15 de marzo al 31 de octubre).

◗ **¿Cómo es el senderismo en la reserva de Dana?** La Reserva de la Biosfera de Dana suele ser muy ventosa y su ubicación a gran altura implica noches frescas, incluso en verano. En invierno no es raro que caiga nieve. Por eso hay que abrigarse bien, sobre todo si se va a pasar la noche en una tienda de campaña. Lo mínimo que debe llevar en cualquier estación es un forro polar y una chaqueta cortavientos. También es imprescindible un calzado adecuado para caminar; el terreno es rocoso e irregular y, a no ser que pretenda caminar solo por el pueblo de Dana, un par de zapatillas deportivas no será suficiente. Algunas excursiones incluyen cruzar ríos. Por último, en la mochila deberá meter un sombrero, gafas de sol, crema solar y una botella de agua (o incluso varias para las caminatas más largas). Si la salida es en invierno, deberá añadir un gorro y un par de guantes. Tampoco olvide su cámara de fotos, ya que atravesará unos paisajes absolutamente maravillosos y

conocerá a beduinos con un estilo de vida alejado de la sociedad, algo que ya no es tan frecuente en Jordania.

◗ **Saliendo desde el Rummana Camp. Campsite Trail:** 1,5 km, duración 1 hora, dificultad fácil. Esta excursión redonda alrededor del campamento de Rummana es principalmente una buena oportunidad para el avistamiento de aves. **The Cave Trail:** 1,5 km, duración 1,5 horas, fácil-moderada. El sendero transcurre por el acantilado (cuidado con el vértigo) de Shaq al Kalb hasta las cuevas que probablemente fueron habitadas por ermitaños. **Rummana Mountain Trail:** 2,5 km, dos horas, moderada. El sendero sube hasta la cima de Rummana, desde donde la vista se extiende sobre las montañas hasta el Wadi Araba.

◗ **Saliendo desde la Dana Guest House. Dana Village Tour:** 2 km, 1 hora, fácil. Esta excursión transcurre por el pueblo de Dana para conocer a los lugareños mientras faenan en el campo o en los talleres de artesanía. **Nawatef Trail:** 2 km, 2 horas, fácil-mediana. Se requiere guía. Se llega al pueblo de Al-Qadisiya en un autobús lanzadera, y luego se desciende a los manantiales de Al-Nawatef atravesando un hermoso paisaje de montaña (cuidado con el vértigo). **White Dome Trail:** 8 km, de 3 a 4 horas, moderada. Del 15 de marzo al 31 de octubre. Se requiere guía. Esta excursión le llevará desde el pueblo de Dana hasta el campamento de Rummana a través de los campos de la meseta de Wadi Dana. También se puede hacer a la inversa, desde el campamento de Rummana. **Shaq Al-Reesh Trail:** 8 km, 4 horas, mediana-difícil. Se requiere guía. Se llega al pueblo de

© VISIT JORDAN

Reserva de la Biosfera de Dana.

Al-Qadisiya en autobús y se desciende por un magnífico cañón hasta llegar a Shaq al-Reesh (cuidado con el vértigo). **Wadi Dana Trail:** 14 km, de 6 a 7 horas, moderada. Esta excursión de medio día le lleva a través de hermosos cañones de arenisca hasta Feynan. La misma caminata se puede hacer desde el Feynan Ecolodge. **Wadi Dathneh Trail:** 19 km, de 8 a 10 horas, muy difícil. Se requiere guía. El descenso al Wadi Dathneh se realiza desde Nawatef por un sendero muy empinado. **Wadi Ghwair Trail:** 16 km, de 7 a 8 horas, difícil. Se requiere guía. Un autobús de enlace le llevará a Al-Mansoura, en las montañas que rodean Shawbak. Desde allí se desciende al Wadi Ghwair, un cañón bastante similar al de Petra. Se cruza bordeando el río y luego se sube de nuevo al Feynan Ecolodge. Esta es una de las caminatas más espectaculares que se pueden hacer en la reserva de Dana.

▶ **Saliendo del Feynan Ecolodge. Sunrise Hike:** 2 km, 2 horas, mediana-difícil (solo para adultos). Se requiere guía. Esta caminata sigue los senderos de los pastores beduinos que conducen los rebaños a la cima de la montaña. La subida es corta pero extenuante, y la recompensa es un precioso amanecer que hace que Feynan y el Wadi Araba ardan en llamas. **Sunset Hike:** 1,5 km, 2 horas, fácil. Se requiere guía. Esta saludable caminata de 20 minutos le lleva hasta el albergue de los guías de Feynan. Podrá observar cómo transcurre la vida en el poblado beduino más abajo, mientras el sol proyecta su paleta de rosas, ocres y morados sobre las montañas circundantes mientras se pone. **Feynan Plants Hike:** 3 km, 2 horas y 30 minutos, mediana-difícil. Se requiere guía. El guía naturalista le irá explicando cómo usan los beduinos las plantas del entorno, por ejemplo, como jabón, como medicina o como hierbas aromáticas. Es también una interesante excursión para ver aves. **Copper Mines:** 6,5 km, de 3 a 4 horas, fácil. Se requiere guía. El guía le llevará hasta las minas de cobre de Feynan, probablemente la primera mina de cobre del mundo que se explotó de forma intensiva. La extracción, el transporte, la fundición... podrá observar todas las etapas del proceso. **Archaeological Treasures:** 5,5 km, de 3 a 4 horas, fácil. Asentamientos neolíticos, ruinas romanas y un acueducto, un monasterio y una iglesia bizantinos, los alrededores de Feynan están llenos de restos arqueológicos para descubrir libremente. **Wadi Dana Sampler:** 6,5 km, de 3 a 4 horas, fácil. Puede adentrarse en el fondo del Wadi Dana en dirección oeste y dirigirse hacia las aldeas beduinas, donde sus habitantes aún viven en tiendas de pelo de cabra. **Wadi Ghwair Sampler:** 7,5 km, 4 horas, fácil-mediana. De marzo a octubre. Esta caminata pasa por antiguas ruinas romanas y bizantinas antes de entrar en el cañón de Ghwair, donde fluye un manantial que tendrá que cruzar para descubrir un asentamiento neolítico de 11 000 años de antigüedad.

▶ **Rift Valley Mountain Trek.** Esta excursión de seis días es para los excursionistas más resistentes. Aunque la caminata no es tan difícil, recorrerá kilómetros de senderos rocosos y colinas onduladas. El itinerario sigue el valle del Rift jordano y conecta la Reserva de la Biosfera de Dana con la Pequeña Petra, a pocos kilómetros al norte de Wadi Musa. La recompensa son magníficos paisajes que muestran todos los colores del desierto. Pasará por campamentos beduinos aislados y dormirá como ellos, en tiendas de pelo de cabra. La caminata puede acortarse a cuatro días si no dispone de tiempo suficiente. Se puede organizar en el Centro de Visitantes de Dana o en las oficinas de Wild Jordan en Amán.

Día 1: 14 km, de 5 a 7 horas, mediana. De 1300 metros a 320 metros de altitud. Se sigue la ruta del Wadi Dana Trail desde el pueblo de Dana hasta el Feynan Ecolodge. Pasará la noche aquí a la luz de las velas.

Día 2: 18 km, de 7 a 8 horas, difícil. De 320 metros a 820 metros de altitud. Desde Feynan, se sigue el Wadi Ghwair, un espléndido cañón con colores cambiantes de arenisca y un río que deberá cruzar varias veces. A continuación, subirá a Al-Bustan y pasará la noche en las tiendas de campaña de los beduinos.

Día 3: 15 km, de 5 a 7 horas, mediana. De 820 metros a 1360 metros altitud. Desde Al-Bustan se sube hasta Shawbak y su castillo. Se atraviesan paisajes montañosos agrestes y campos cultivados, antiguos pueblos aún habitados y cuevas que antaño se utilizaban como tumbas.

Día 4: 14 km, de 5 a 6 horas, fácil. De 1360 metros a 1210 metros de altitud. El sendero parte de la aldea abandonada de Sihan, al pie del castillo de Shawbak, para ganar altura y obtener una vista de las montañas circundantes. A continuación, se toma la carretera de Al-Hazeem en dirección a Ras al-Feid, dejando atrás las montañas de Shawbak.

Día 5: 18 km, de 7 a 8 horas, mediana. De 1210 metros a 1240 metros de altitud, con 100 metros de desnivel positivo. La jornada comienza atravesando paisajes de enebros y impresionantes formaciones rocosas. Después, una subida de dos horas le llevará hasta la cima de Al-Saffaha y luego descenderá hasta el campamento beduino de Gbour al-Waidat.

Día 6: 15 km, de 5 a 6 horas, moderada. De 1240 metros a 1047 metros de altitud. Este último día discurre a través del desierto en altura, con espectaculares vistas del Wadi Araba. A medida que avance, se irá acercando a las montañas de arenisca rosa por las que es famosa Petra, y también se ven los primeros restos nabateos que se extendían mucho más allá del yacimiento actual. La excursión termina en la Pequeña Petra, donde podrá pasar la noche en una cueva beduina o en un acogedor hotel antes de emprender la visita a los yacimientos nabateos. Pero sepa que aún quedan muchos kilómetros de senderos esperándole.

TAFILA ⭐

A pocos kilómetros de Dana y unos 45 kilómetros al sur de Karak en el Camino de los Reyes se encuentra la ciudad comercial de Tafila. Se trata de un importante punto de encuentro comercial, al que acuden los campesinos de los alrededores para vender los productos que obtienen del cultivo de la aceituna en los puestos de los mercados.

La ciudad, instalada en las laderas de varias colinas, ya era conocida en la antigüedad por la extracción de minerales, entre ellos el cobre. Tafila tuvo un pasado glorioso, ya que formaba parte del gran eje estratégico de fortificaciones ideado por los cruzados.

Aún quedan algunos vestigios de una antigua fortaleza en la parte antigua de la localidad (sin gran interés). Aquí se viene para conocer la autenticidad de una ciudad más bien rural no demasiado visitada por los turistas.

KHIRBET ET-TANNUR

En una alta colina aislada, con vistas al valle del Wadi Hasa, este templo nabateo data del siglo I. Desde el Camino de los Reyes, después del valle del Wadi Hasa viniendo desde Karak (36 km), un pequeño camino de 1,5 km conduce hasta los pies de la colina. Después tendrá que subir durante unos quince minutos hasta la cima. No queda mucho del monumento, pero el paseo es agradable.

HAMMAMAT BURBITA

En medio de una región con cerca de 350 fuentes termales, estos dos lugares son conocidos y muy apreciados por los jordanos. Puede venir hasta aquí para disfrutar de las piscinas termales, pero también para admirar el paisaje rocoso que las rodea.

SHAWBAK ⭐⭐

En el Camino de los Reyes, a 60 kilómetros al sur de Tafila, se encuentra una de las fortalezas más importantes construidas por los cruzados en la actual Jordania. El castillo de Shawbak, mandado construir por Balduino I, rey de Jerusalén, se alza en la cima de una colina que domina un pequeño valle que desemboca en el Wadi Araba. La fortaleza es menos impresionante que la de Karak, pero también menos turística. Es una de las joyas arquitectónicas del legado de los cruzados en Jordania. Aunque el interior solo presenta ruinas dispersas, el aspecto exterior del castillo, bien conservado, deja entrever su grandeza y el importante papel que desempeñó en la época.

VISITA

PETRA, LA CIUDAD ANTIGUA

«A menos que vengas, nunca sabrás cómo es Petra. Solo debes saber que hasta que no la hayas visto, no tendrás la menor idea de lo hermoso que puede ser un lugar». (T. E. Lawrence)

WADI MUSA ⭐

Para llegar al yacimiento de Petra, hay que cruzar el pequeño pueblo de Wadi Musa, a 3 kilómetros de distancia. Aquí es donde paran todos los autobuses y minibuses públicos. El turismo ha contribuido en gran medida al desarrollo de este pueblo, que está empezando a ser totalmente invadido por los establecimientos hoteleros.

TAYBET ZAMAN

A unos diez kilómetros de Wadi Musa, en la carretera del Sur (ruta indicada por paneles), se encuentra el antiguo pueblo jordano del siglo XIX de Taybet Zaman, restaurado hace poco por un gran grupo hotelero. Aunque el pueblo cuenta con un hotel de lujo famoso, la mayoría de los turistas acuden aquí para descubrir cómo era el hábitat tradicional en esa época y también para disfrutar de la increíble vista de las ruinas de Petra desde las alturas.

AL WU'EIRA

El castillo está ubicado en la cima de una cresta rocosa que da a un profundo barranco. Domina el valle y el pueblo de Wadi Musa. Construido a principios de la primera década del siglo XII, el edifico presenta un plano rectangular, en cuyo centro se hallaba un patio amplio. En el lado oeste de la muralla había una capilla adosada (ábside y ventana ojival) y una torre fortificada. El castillo de Al Wue'ira era una plaza fuerte menor, ocupado ocasionalmente por las tropas musulmanas, así que nunca fue modificado. Es fácil hacerse una idea de cómo lo dejaron los cruzados cuando fueron vencidos por el ejército de Saladino tras la batalla de los Cuernos de Hattin en 1187. Su estado de deterioro actual se debe a un terrible terremoto que causó la muerte de todos los residentes. El desvío (no señalizado) para llegar hasta aquí se encuentra a 1,5 kilómetros al norte del Mövenpick.

PETRA ⭐⭐⭐⭐

Ubicada entre los cañones erosionados de los valles del sur, no lejos del desierto, la antigua ciudad de Petra es simplemente impresionante. Al igual que la pirámide de Keops, en Egipto, o el oasis de Palmira, en Siria, Petra es uno de los lugares más importantes de Oriente Medio y es sin duda el punto culminante de cualquier viaje a Jordania. Petra (que significa «roca» en griego) fue la capital de los nabateos, un pueblo comerciante que, desde el siglo VI a. C., dominó la región hasta la llegada de los romanos. En los acantilados de arenisca, esculpieron templos y tumbas con impresionantes fachadas, con un color rosa-anaranjado que va cambiando con la tonalidad de la luz.

PETRA, LA CIUDAD ANTIGUA

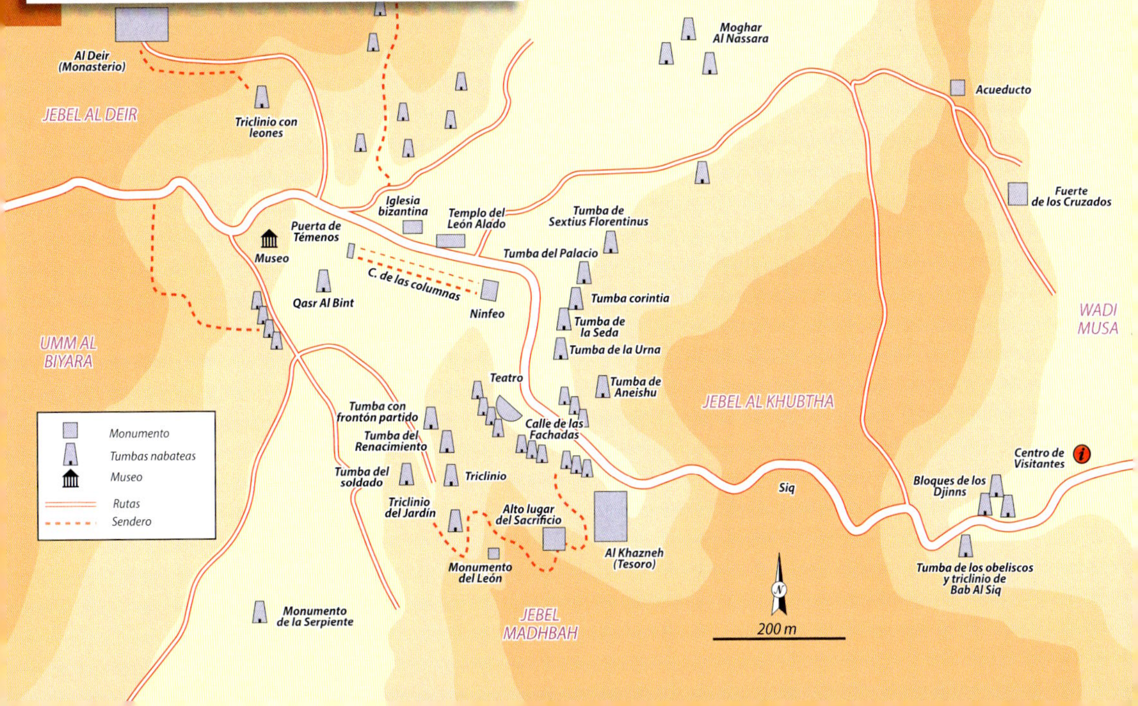

WADI MUSA

Fuerte de los Cruzados

Acueducto

Centro de Visitantes

Bloques de los Djinns

Tumba de los obeliscos y triclinio de Bab Al Siq

JEBEL AL KHUBTHA

Siq

200 m

Moghar Al Nâssara

Tumba de Sextius Florentinus

Tumba corintia
Tumba de la Seda
Tumba de la Urna
Tumba de Aneishu

Al Khazneh (Tesoro)

JEBEL MADHBAH

Tumba del Palacio

Templo del León Alado

Ninfeo

Calle de las Fachadas

Alto lugar del Sacrificio

Iglesia bizantina

C. de las columnas

Teatro

Triclinio

Monumento del León

Tumba con frontón partido

Tumba del Renacimiento

Triclinio del Jardín

Puerta de Témenos

Museo

Qasr Al Bint

Tumba del soldado

Monumento de la Serpiente

Triclinio con leones

Al Deir (Monasterio)

JEBEL AL DEIR

UMM AL BIYARA

Monumento

Tumbas nabateas

Museo

Rutas

Sendero

Aunque fueron expulsados de su hábitat troglodítico ubicado dentro de las ruinas actuales, los beduinos siguen muy presentes en el lugar y se han convertido gradualmente en vendedores de recuerdos, camelleros, camareros en restaurantes y cafeterías, etc., lo que les permite beneficiarse de unos ingresos más elevados que muchos otros jordanos. Petra inspiró a muchos artistas, pero el héroe que más contribuyó a su fama fue Indiana Jones, interpretado por el actor estadounidense Harrison Ford. En la película de Steven Spielberg, *Indiana Jones y la última cruzada* (1989), lo vemos a él y a Sean Connery cabalgando a través de un laberinto de paredes rocosas, salpicado de templos de todo tipo.

Las palabras por sí solas no pueden expresar la magia del lugar, inscrito en la Lista del Patrimonio Mundial de la Unesco. Tardará por lo menos dos días en apreciar en profundidad este lugar único. Y un tercero no estaría de más para explorar a su antojo las zonas menos frecuentadas.

El hecho de que no se mencionara en la Biblia hizo que Petra pasara desapercibida hasta 1929, cuando los británicos emprendieron en serio un trabajo arqueológico a fondo. A lo largo de los años, los arqueólogos han ido de descubrimiento en descubrimiento en este lugar maravilloso. Y puede que Petra esconda aún muchos más «tesoros», porque los investigadores solo han excavado una décima parte de su superficie.

■ AL KHAZNEH (EL TESORO) ★★★★

▶ **Cómo llegar.** Siga el camino desde el Centro de Visitantes durante un kilómetro a través del cañón.

▶ **Visita.** Tras recorrer el Siq (entrada principal) y admirar sus betilos, su ingenioso sistema de canalización y sus impresionantes acantilados, el Siq se estrecha una vez más de manera que solo revela un fragmento de la joya de Petra entre las líneas onduladas de sus paredes. Escondido en un claro protegido del Siq, el Khazneh al-Fira'un o Tesoro de los Faraones solo se revela en su totalidad en el último momento. Para muchos visitantes, es el monumento más excepcional de la antigua capital nabatea, el que hizo que viajara hasta Jordania. La delicadeza de su fachada, el color cambiante de su piedra arenisca, la suavidad de sus ondulaciones refinadas por la erosión hacen de este edificio una maravilla que es imposible dejar de contemplar. Pero seamos sinceros, la horda de turistas con trípodes y palos para hacerse *selfies,* los beduinos, los dromedarios o los burros disminuyen la majestuosidad de la experiencia.

▶ **Mitos y leyendas.** A pesar de la pasión que despierta, el Tesoro aún no ha revelado sus misterios. A día de hoy, los arqueólogos no han conseguido descubrir el verdadero motivo de su construcción, y las leyendas que lo rodean son numerosas. El Tesoro toma su nombre de una leyenda beduina según la cual un faraón escondió su tesoro en la urna situada en lo alto de la cúpula sostenida por columnas en la parte superior del edificio. Los investigadores trataron de desentrañar el enigma, pero pronto descubrieron que la urna no estaba hueca y, por tanto, no podía contener nada. Sin embargo, parece que los beduinos seguían creyendo en la leyenda, ya que seguían disparando a la urna con sus rifles, como demuestran los agujeros de bala, con la esperanza de conseguir aunque fuese un pequeño botín. A la vista de la majestuosidad del edificio y de la elección del emplazamiento, los especialistas coinciden en que debió de ser una tumba real. Las clases acomodadas del reino nabateo, y más aún el propio rey, conocían las modas arquitectónicas de las metrópolis mediterráneas y sabían como nadie cómo impresionar a los visitantes de alto rango. Los elementos arquitectónicos inspirados en el estilo ptolemaico indican que el Tesoro se construyó durante la segunda mitad del reinado de Aretas IV (9 a. C.-40 d. C.). ¿Pero para quién? Nadie lo sabe. No se han encontrado restos dentro del edificio. Las amplias excavaciones realizadas en el lugar en 2003 descubrieron tumbas más antiguas, una de las cuales podría datar hacia el año 20 a. C. Estas tumbas están profundamente enterradas en el suelo o puede que quedaran parcialmente cubiertas por la construcción del Tesoro. Originalmente, la plaza frente al Tesoro estaba seis metros por debajo del nivel actual. Estaba adoquinada y puede haber incluido un estanque o una fuente. Una escalera monumental, de trece metros de longitud, daba acceso a las antiguas tumbas y luego a la terraza del Tesoro. Hoy en día, permite descender a las tumbas. Pero al igual que el interior del Tesoro, estas tumbas no pueden ser visitadas.

▶ **Arquitectura.** Como todos los templos y tumbas nabateos excavados en la roca, el Tesoro de Petra se despejó empezando por la parte superior. Los nabateos utilizaban esta técnica para evitar que la roca de las partes superiores se derrumbara por su propio peso. Así que empezaron por despejar una abertura a lo ancho del edificio que se iba a construir, y luego fueron bajando. Todavía se pueden ver las marcas que hicieron los canteros para fijar sus andamios. El interior de la tumba también fue vaciado de arriba a abajo. Una vez despejada la fachada exterior y esbozado el portal, los obreros excavaron una galería desde la entrada, que fueron ensanchando a medida que avanzaban. La influencia del Egipto ptolemaico (o griego), más concretamente de Alejandría, es muy clara. Se percibe tanto en la estructura como en ciertos detalles. Se pueden encontrar analogías con algunos palacios del noreste de Libia (en aquella época bajo la influencia de Alejandría), sobre todo en las opciones ornamentales de la fachada o el frontón. Este último, con sus líneas partidas por un *tholos*, un templo redondo, se inspiró quizá en un fresco de la Casa del Laberinto de Pompeya, donde se puede ver un elemento similar. La estatua del *tholos* representa a la diosa egipcia Isis, de la que se apropiaron los nabateos. Los dos pequeños templos laterales solo muestran fragmentos de Victorias Aladas. Han sido dañados por la erosión, pero también por el hombre. El nivel inferior de la tumba muestra elementos clásicos del estilo griego antiguo. La fachada del edificio está coronada por un frontón sostenido por seis columnas con capiteles corintios. En el centro del frontón se adivina un disco solar rodeado por cuernos de vaca y espigas de trigo. Son los símbolos de la diosa egipcia Isis. Entre las columnas, a ambos lados de la entrada, podemos ver colosales estatuas de hombres a caballo, parcialmente borradas. Son los Dioscuros, los hermanos gemelos Cástor y Pólux, encargados de guiar las almas de los muertos en la mitología griega.

VISITA

▸ **¿Cuándo visitarlo?** Los autocares empiezan a llegar al Centro de Visitantes alrededor de las 8-8.30 de la mañana. Para evitar el atasco a la salida del Siq, llegue antes. Si empieza por donde se abre el Siq, podrá fotografiar el Tesoro sin figuras humanas indeseadas. La fachada se vuelve rosa entre las 9 y las 11 de la mañana, según la temporada.

■ **GRAN TEMPLO**

▸ **Cómo llegar.** Descendiendo por el *cardo maximus,* a la izquierda, justo antes de los restos de la puerta de Adriano.

▸ **Visita.** Las ruinas de este inmenso edificio erigido en tres niveles cubren una superficie de 7.560 metros cuadrados. Durante mucho tiempo, los arqueólogos pensaron que se trataba de un templo. Pero investigaciones más recientes sugieren que era más bien un enorme salón de recepción. Por otro lado, parece que no estaba unido al palacio real, del cual aún no se ha encontrado ningún vestigio. La zona residencial no es lo suficientemente grande como para haber sido un palacio y no se han identificado edificios de uso práctico (cocina, establos, etc.) en las cercanías. Así, pues, estos restos siguen llamándose «el gran templo» hasta que surja un nombre más adecuado.

El edificio se construyó a lo largo de varios siglos. Está situado en una sucesión de explanadas rocosas que los nabateos fueron despejando para utilizar las piedras en otras construcciones. La primera parte del templo se construyó en la explanada o plataforma más alta a finales del siglo I a. C. Allí se encuentra un teatro, con capacidad para setecientos espectadores, que fue añadido por los romanos en el siglo II. Probablemente sirvió para hacer asambleas municipales.

El templo fue ampliado y ricamente decorado con estuco, frescos y mosaicos hacia el año 50. Se trata de la gran plataforma revestida de columnas, cuyos capiteles representan elefantes asiáticos. Cada una de las 536 cabezas de elefante estaba cubierta por una fina capa de yeso y no había dos idénticas. Así, pues, cabe suponer que los artesanos habían visto alguna vez esos animales. El enlosado y las columnatas del flanco occidental se han derrumbado. Revelan un pasillo de doble bóveda que sostenía la estructura superior. Las columnatas aún son claramente visibles en el lado oriental. El rey nabateo Aretas IV (9 a. C.-40 d. C.) mandó construir magníficos jardines en la explanada a lo largo del lado oriental, adornados con estanques. Se abastecían de agua mediante un sistema de

Gran Templo de Petra.

drenaje que corría bajo las columnatas y la plataforma central. Los romanos añadieron unos baños al oeste del gran templo. Se puede acceder a ellos por la escalera que se encuentra al otro lado de la columnata derrumbada.

El «gran templo» estaba separado de la calle por un propileo, un vestíbulo con una alta fachada de 55 metros de longitud perforada en el centro para permitir el paso de una escalera monumental que conducía al interior del témenos. Al este de la puerta central, a lo largo de la escalera, se habían habilitado pequeñas salas. Estaban aisladas de la calle por una puerta.

■ ALTO LUGAR DEL SACRIFICIO   ★★★

▶ **Cómo llegar.** Hay dos caminos hacia el Alto Lugar del Sacrificio. El primero es difícil: cruza el Wadi Mahafir y luego asciende por una cuesta muy empinada. Comienza en la calle de las Fachadas, justo después de los aseos a la izquierda y antes del teatro. Calcule unos 50 minutos. El segundo parte del Qasr al-Bint y lo rodea por la derecha. Este es uno de los paseos más hermosos de Petra. La caminata dura entre 2 y 3 horas. Hay algunos tramos empinados, pero caminará alternando trozos al sol y otros a la sombra.

▶ **Visita.** El Alto Lugar del Sacrificio se encuentra en la cima de Jebel al-Madhbah, a más de mil metros de altitud. Desde aquí, las vistas del Jebel Haroun (monte Aarón) y Petra son espectaculares. En Petra había varios «lugares elevados», todos ellos al aire libre, repartidos por las alturas de la ciudad, quizá siguiendo un código tribal. Al final del camino, hay una primera explanada donde se levantan dos obeliscos cónicos de siete metros de altura cada uno. Al principio, los arqueólogos les dieron un significado religioso, pensando que se trataba de los dos principales dioses nabateos, Dushara y Al-Uzza. Pero la inscripción *zibb atuf* que realizó uno de los escultores plantea dudas. De hecho, significa «el pene de Atuf». Por otro lado, el camino hacia el Wadi Mahafir no contiene ningún nicho votivo ni representación divina. El camino que lleva al Lugar Alto del Sacrificio parte de esta explanada, a través de la cantera y entre los restos de los altos muros que pudieron formar una puerta monumental que daba al lugar de los sacrificios, que queda a la derecha desde la calle de las Fachadas o a la izquierda desde Qasr al-Bint. El Lugar Alto del Sacrificio ocupa una explanada de 65 metros de longitud. Los ritos cultuales estaban dedicados probablemente al dios Dushara, el más importante del panteón nabateo. Los banquetes se celebraban en la plataforma frente al altar. Los participantes se sentaban en los bancos de piedra en torno al altar. En la esquina superior izquierda (de espaldas al altar), podrá observar una ranura que permitía el drenaje del agua. El altar consiste en una plataforma elevada que albergaba los betilos o piedras sagradas, precedida de unos escalones. El sacerdote se situaba en lo alto de la escalinata para hacer ofrendas de incienso. Un sendero permitía dar la vuelta al altar. La roca a la izquierda del altar servía probablemente para hacer libaciones. Seguramente fue ahuecada para almacenar agua para las abluciones. El disco de la plataforma tiene un orificio y un desagüe para drenar los líquidos.

VISITA

■ HIGH PLACE OF SACRIFICE TRAIL

▶ **Cómo llegar.** La ruta de senderismo parte por la derecha de Qasr al-Bint y lo rodea por la parte de atrás, para luego subir hacia el sureste.

▶ **Visita.** El camino del «High-Place of Sacrifice Trail» sube por el Wadi Farasa hasta el Alto Lugar del Sacrificio. Está salpicado de antiguas tumbas y transcurre por un entorno impresionante, que va alternando trozos al sol y otros a la sombra. La visita dura entre 2,5 y 3 horas, con algunos tramos difíciles. Si no tiene miedo a las alturas, puede regresar a Wadi Musa por el sendero que llega al teatro. En caso contrario, tardará 2 horas en volver al Tesoro.

▶ **Tumbas escalonadas de Jebel al-Madhbah.** En el extremo norte del Jebel al-Madhbah se han tallado una docena de tumbas similares a las halladas en Hegra, en Arabia Saudí, con la parte superior con doble escalera. Aquí es donde comienza el camino original hacia el Alto Lugar del Sacrificio. Los desprendimientos de rocas provocados por el terremoto del año 363 bloquearon el acceso. Desde esta posición, la vista sobre las Tumbas Reales es magnífica.

▶ **Frontón colapsado.** Un centenar de metros después, el camino se adentra en la montaña. Un frontón similar a los de Hegra aparece a la izquierda del camino derrumbado. A la derecha se puede ver una tumba sin fachada en la que se han construido tres *loculi* o nichos.

▶ **Tumba con frontón partido.** Unos 70 metros más adelante del frontón derrumbado, en el lado izquierdo, aparece una tumba elevada sobre un podio y precedida por una escalera excavada en la roca. Es un buen ejemplo de frontón partido. Este elemento popular de la arquitectura ptolemaica de Alejandría fue adoptado por los nabateos en detrimento del estilo usado en Hegra. El frontón se apoya sobre una cornisa, pero sin su punto central. Sobre la puerta se abría una ventana, con un dintel que separaba ambas partes. Dos rendijas verticales practicadas entre las semicolumnas dejaban pasar la luz. Se añadió una cámara funeraria a la derecha de la tumba principal.

▶ **Tumba del Renacimiento.** El portal de esta hermosa y esbelta fachada está coronado por un frontón circular, un elemento muy popular en la arquitectura europea del período renacentista. No se inserta ningún entablamento o tímpano en el arco, que está coronado con urnas en sus puntos más bajos y más altos. El entablamento inferior está atravesado por dos altas semicolumnas con capiteles nabateos. Un frontón triangular remata el conjunto, decorado con una urna en cada esquina. El desnivel frente a la entrada indica que la tumba está inacabada. Durante las excavaciones de 2003 se descubrieron catorce tumbas, de las cuales al menos doce datan del período nabateo.

▶ **Tumba del Soldado.** Se halla al final de las escaleras, después de la Tumba del Renacimiento. Esta tumba pertenecía a un imponente complejo que requirió la ampliación del cañón en varios metros. Se accedía a ella a través de un vestíbulo que conducía a un peristilo flanqueado por pórticos en tres de sus lados. Por un lado, este patio con columnas daba acceso a la tumba y, por el otro, al *triclinium*. A la derecha de la tumba había un edificio de dos plantas, algunas de cuyas salas tenían calefacción. Allí se encontraba el vestíbulo de entrada al complejo. Estaba ricamente decorado con yeserías pintadas y dibujos tallados en el suelo. La fachada está totalmente tallada en la roca, excepto por tres estatuas insertadas en los nichos. El nicho central contenía la representación del difunto destinatario de la tumba, al que se honraba durante las celebraciones que tenían lugar en el triclinio. La estatua representa a un hombre cubierto con una coraza, como la que llevaban los soldados nabateos. Aunque la fachada está muy erosionada, el friso, decorado con motivos de triglifos y metopas, y el frontón de la entrada todavía se pueden ver con claridad. También se observan dos ventanas a ambos lados de la fachada, que proporcionaban luz al interior de la tumba. El soldado fue probablemente enterrado en el nicho central, que se encuentra en la parte alta. Las excavaciones han permitido datar la tumba entre los años 50 y 75 d. C. El triclinio es uno de los más bellos de Petra. Tres puertas conducían a la sala de banquetes. Los bancos fueron tallados en la piedra, empezando desde el suelo y alejados de las paredes.

▶ **Triclinio del Jardín.** Viene después de la Tumba del Soldado, en la parte superior de los escalones, a la izquierda. El edificio con el pórtico columnado se levanta sobre una terraza de piedra. Al principio, los arqueólogos pensaron que se trataba de una tumba, y luego un templo. Sin embargo, a falta de más investigaciones, ahora piensan que podría ser una vivienda. El conjunto consta de dos salas contiguas y es probable que el edificio tuviera una segunda planta con acceso desde el exterior. En el lado derecho hay un muro de ladrillo de

8 metros de altura. Se trata de uno de los mayores depósitos de Petra, posiblemente relacionado con la Tumba del Soldado.

▶ **Fuente del León.** Esta escultura monumental tallada en la roca estaba sobre una pileta. La erosión y los daños causados por los terremotos dificultan reconocer el león. El cuerpo y las cuatro patas son claramente visibles, pero la cabeza girada hacia el observador apenas se distingue. Una canalización, cuya boca es aún visible sobre lo que era la cabeza del león, llevaba el agua a través de un acueducto desde el sur de la ciudad.

■ **MONASTERIO (AD DEIR)** ⭐⭐⭐

▶ **Cómo llegar.** El camino principal parte del restaurante Basin. Tendrá que superar 850 escalones (unos 45 minutos como mínimo) para llegar a la cima. Se puede hacer la subida en burro por 15 dinares (negociable). Hay otra ruta menos extenuante, pero más larga (que puede hacerse a través del Back Door Trail).

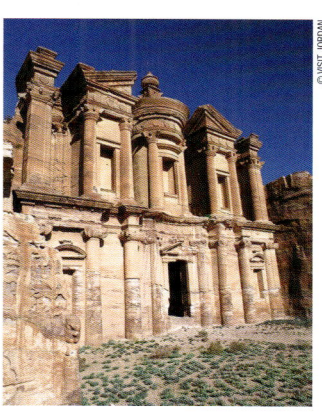

© VISIT JORDAN

Monasterio (Ad Deir).

◗ **Visita.** Con su fachada de 47 metros de alto y 48 metros de ancho, el monasterio es el más imponente de todos los monumentos de la ciudad antigua. Su gran parecido con el Tesoro es evidente, aunque su ornamentación sea más escueta. Uno se asombra rápidamente al descubrir el excelente estado de conservación del edificio, a pesar de la intensa erosión que ha provocado el deterioro de muchas de las tumbas de la ciudad. Sin embargo, no está protegido por ninguna ladera. Contrariamente a lo que se ha creído durante mucho tiempo, no se trata de un mausoleo real, ya que no se ha hallado ninguna tumba. Se trata más bien de un vasto templo dedicado a la práctica de banquetes rituales en honor de Obodas II, un monarca nabateo que reinó del 30 a. C. al 9 a. C. y que fue divinizado tras su muerte. Una inscripción encontrada no lejos del monasterio insta a «recordar a Ubaydu, hijo de Waqihel, y a sus asociados para el simposio de Obodas el Dios». En la antigua Grecia, un *symposium* era la fiesta que tenía lugar después de una comida, acompañada de entretenimientos, como bailes y cantos. El monasterio data de mediados del siglo I. Su nombre proviene de la época bizantina, cuando probablemente se utilizaba como monasterio y, con toda seguridad, como iglesia, tal y como muestran las cruces de la pared del fondo. Tallado en arenisca amarilla, su primer nivel está jalonado por ocho pilastras rematadas con capiteles nabateos, con cuernos en algunos casos y de inspiración jónica en otros. Entre ellas aparece una imponente entrada y dos ventanas en trampantojo. El segundo nivel está coronado por un frontón partido por un imponente

tholos, un templo circular, enmarcado a cada lado por dos pabellones. Hay nichos tallados entre las pilastras de estos tres elementos. El *tholos* tiene una impresionante urna en su cima, de unos 9 metros de altura, que puede verse a kilómetros de distancia.

A la izquierda del edificio, una escalera tallada en la roca sube hasta una plataforma donde se instaló un altar. La escalera continuaba más allá, hasta la cima del monasterio, pero fue cerrada por las autoridades tras la muerte accidental de un turista. Si quiere sacar unas fotos inolvidables, venga al atardecer, pero recuerde abandonar el lugar con tiempo para regresar a la entrada del yacimiento, muy alejada.

■ **CALLE DE LAS FACHADAS**

◗ **Cómo llegar.** Continuando por el estrecho Siq, justo después del Tesoro el desfiladero se ensancha y desciende hacia el centro de la ciudad antigua. Lleva a las tumbas Reales (a la derecha) y a la calle de las Columnas (a la izquierda).

◗ **Visita.** La calle comienza a la derecha del Tesoro. Las altas paredes de arenisca rosa se abren en forma de «V» al circo de Petra. Dichas paredes albergan unas cuarenta tumbas, a veces excavadas y esculpidas en varios niveles. Otras tumbas son cuevas naturales acondicionadas para ser utilizadas como viviendas trogloditas durante el período asirio, es decir, en el milenio II a. C.

◗ **Triclinio.** Inmediatamente a la derecha, al comienzo de la calle de las Fachadas, llama la atención una gran abertura rectangular en la roca. Todavía se puede ver la escalera (acceso prohibido) que conducía a la entrada del que es el mayor *triclinium* de Petra. La cámara, excepcionalmente grande, de 12 x 12 metros, se utilizó probablemente como sala de recepción durante las ceremonias en honor de los difuntos del Tesoro. Pero solo es una suposición.

▶ **Tumba derrumbada.** Un poco más allá, en el lado izquierdo, se pueden ver los restos de una fachada que se derrumbó en 1847. Unas excavaciones parciales habían revelado una inscripción en griego que mencionaba a un tal Arrianos de Petra, al que «Hades se llevó a la edad de 27 años» como consecuencia de una enfermedad. En la actualidad, solo se distingue un fragmento del friso, que alterna rombos y círculos, y una pilastra con un capitel nabateo. La tumba data de después de la ocupación nabatea de Petra y habría sido esculpida entre los siglos III y V.

▶ **Calle de las Fachadas.** Cuando el Siq se ensancha y forma una hendidura en el lado izquierdo, se puede ver una línea de altas fachadas talladas. Estas tumbas, con una ornamentación muy dañada por la erosión, datan de finales del siglo I a. C. y la primera mitad del siglo I d. C. Las fachadas probablemente estaban cubiertas con una fina capa de yeso pintado. La primera tumba de la izquierda es representativa del estilo de Hegra, la actual Mada'in Saleh, en Arabia Saudí. Se distingue por un friso escalonado en la parte superior y una cornisa sostenida por pilastras que enmarcan una puerta coronada por un frontón triangular. Esta tumba tiene una característica única, con una cámara funeraria situada en lo alto. Al continuar, verá que la tumba ha sido liberada de la roca principal y tallada por tres de sus lados. El friso superior escalonado ha sido sustituido por una corona almenada, lo que sugiere que la tumba fue reelaborada. Detrás de esta tumba, continuando por el mismo lado de la pared rocosa, se puede ver el friso superior de una tumba a nivel del suelo. No se sabe si la entrada a la recámara fue cubierta por depósitos aluviales causados por las recurrentes inundaciones o si se trata de un proyecto inacabado.

▶ **Tumba 825.** Se encuentra al otro lado del Siq, a la derecha al bajar hacia el centro de la ciudad antigua, frente al café-restaurante. Se trata de una tumba situada en una esquina, en la que se distinguen claramente los elementos figurativos de las tumbas de tipo Hegra (Arabia Saudí). El alto friso con una doble escalera de cinco peldaños se apoya en una cornisa. Un ático lo separa del entablamento enmarcado por dos pilastras. Solo se conserva la pilastra de la derecha, con su capitel nabateo. La de la izquierda estaba incrustada en la estructura, ya que la roca era demasiado quebradiza para permitir que se tallara en la fachada. La entrada de la tumba está enmarcada por dos pilastras y coronada por un frontón triangular ligeramente saliente. En la puerta del lado derecho, se puede ver un *nefesh*, un grafiti en forma de obelisco, al que se le han añadido dos pétalos y un triángulo en la parte superior. El nombre del fallecido solía estar escrito en la leyenda de la parte inferior del *nefesh*. En el interior de la cámara funeraria se han encontrado otros cinco *nefashot* que atribuyen la tumba a la familia de Zayd Qawmw bin Yaqum. Hay catorce nichos en la recámara.

VISITA

▶ **Tumba de Aneishu.** Una vez pasada la tumba anterior, todavía en el lado derecho del Siq, uno se encuentra con una serie de cuevas con fachadas apenas trabajadas y muy erosionadas. Encima y apartada de ellas está la tumba de Aneishu. Se trata de un alto dignatario del reino nabateo, probablemente ministro de la reina Shaqilath II durante su período de regencia del año 70 al 76. En la losa que cerraba la tumba se encontró una inscripción que lo atestigua. La fachada de 20 x 12 metros es típica del estilo de Hegra. Los capiteles nabateos en forma de medias coronas son claramente visibles aún. El marco de la puerta está decorado con pilastras y con un frontón que descansa sobre un discreto ático. La cámara funeraria consiste en una sala cuadrada de casi 8 x 8 metros. Contiene *loculi* instalados en las paredes traseras y laterales. Cada una de estas once cavidades contenía una tumba. Una última tumba fue acondicionada en el exterior, en lo alto de la pared derecha. En la parte inferior derecha de dicha tumba se observa una profunda muesca de forma piramidal en la roca, probablemente para alojar un *nefesh*. En la montaña, a la izquierda de la fachada, se ha tallado un triclinio. Todavía se puede ver el depósito a la izquierda de la entrada (junto a la escalera) donde se almacenaba el agua para las abluciones. La pared posterior del triclinio también estaba provista de tres *loculi* para albergar tumbas.

■ **EL SIQ**

▶ **Cómo llegar.** Unos 800 metros después del Centro de Visitantes, se abre ante usted una muesca en la pared rocosa. Se encuentra en la entrada del Siq, que conduce al Tesoro (Al Kazhneh).

▶ **Visita.** Todos los caminos llevan a Petra, pero esta era la entrada principal a la capital nabatea. El estrecho corredor natural se extiende a lo largo de 1,2 kilómetros y está enmarcado por altas paredes de arenisca rosa, que se elevan hasta 80 metros en algunos puntos. La roca no solo adquiere tonalidades sobrenaturales, sino también formas extrañas. ¿Podrá encontrar el elefante? El Siq está atravesado por canales de riego, testimonios religiosos y un ingenioso sistema de presas para evitar las destructivas inundaciones. La entrada al Siq estaba coronada por un alto arco de ladrillo, que se derrumbó en 1896. Si uno mira hacia arriba, a la izquierda, puede ver el comienzo del arco. Bajo este arco se excavaron dos nichos votivos. El de la derecha está acompañado de un nicho más pequeño. Tres escalones tallados en la roca permitían depositar un betilo, incienso u ofrendas en él. Después de una gran inundación en torno al año 20 a. C., se emprendieron grandes trabajos para asegurar el cañón. Se hicieron obras para crear una pendiente regular del 4,9 % y un paso de al menos 3 metros de ancho, y el camino fue adoquinado, a veces con aceras adyacentes.

▶ **Presas.** Durante los períodos de lluvia, el agua fluía desde Wadi Musa hacia el Siq, provocando inundaciones devastadoras. Una inundación repentina a mediados del siglo I a. C. causó tales daños que los nabateos pensaron en un sistema para desviar el agua. Construyeron una presa de 13 metros de altura antes del cañón y excavaron un túnel de 90 metros de longitud para que las aguas pudieran fluir fuera de la montaña. Un puente

El Siq marca la entrada a la ciudad antigua de Petra.

VISITA

sobre la presa daba acceso al Siq. Al cruzar el desfiladero, verá cinco presas estratégicamente colocadas donde se formaban los torrentes. Los estanques de retención se construyeron aguas arriba en la montaña. Estas presas han sido restauradas, ya que todavía se utilizan para proteger el acceso a Petra. Sin embargo, en caso de fuertes lluvias, el sitio se cierra a los visitantes por razones de seguridad.

▶ **Canalizaciones.** La ciudad de Petra se abastecía de agua mediante un ingenioso sistema de canalización. Se excavaron acequias en la roca a ambos lados del camino. Se utilizaban para llevar agua potable a la ciudad y para regar los cultivos. La acequia de la izquierda (bajando hacia el Tesoro) consistía en una canalización construida con arcilla. Recogía y conducía el agua drenada del manantial de Moisés, situado en la parte alta de Wadi Musa. El agua que fluía por la

acequia derecha se utilizaba para regar los cultivos. Estaba cubierta con losas de piedra. Se construyeron piletas de sedimentación a lo largo del camino para regular el flujo de agua y almacenar las impurezas.

▶ **Betilos y nichos votivos.** En 1995, se identificaron hasta setenta nichos votivos tallados en las paredes del Siq. Algunos de ellos contenían betilos (piedras pulidas utilizadas para señalar la presencia divina), otros estaban vacíos, posiblemente para que los visitantes depositasen en ellos sus propios betilos en los momentos de oración. Algunos son simples rectángulos de roca hueca, mientras que otros están decorados con pilastras, frontones y cornisas, como si fueran templos. Después de la primera curva, a la izquierda y a la altura de un hombre, se puede ver un gran betilo depositado en un nicho. Es posible que hubieran insertado una cornisa en la ranura superior.

Si continúa, en la próxima curva hacia la izquierda, a unos 2,5 metros del suelo, otro nicho más elaborado muestra los mismos atributos que los templos. Cuenta con las pilastras y el frontón que suelen enmarcar la entrada de un templo. Las seis columnas sobre la cornisa contenían betilos. Y el betilo, o más bien el ídolo, esculpido en una plataforma sobre el nicho fue saqueado. Más adelante, cuando el cañón se ensancha unos quince metros, surge una gran roca en medio del pasaje. Es difícil creer que el camino no se despejó hasta 1977. De hecho, el lecho del cañón quedaba obstruido a causa del limo, los escombros y las plantas. Este espacio formaba una especie de santuario bastante complejo en el que confluían los poderes de la roca y el agua. En la pared de la izquierda, un tramo de escaleras excavadas sube desde la acequia hasta dos pequeñas entradas a una cueva. Se trataba de un templo donde el agua fluía continuamente. Un nicho votivo fue tallado en la gran roca a los pies de este santuario. Dentro hay dos betilos. El de la izquierda tiene ojos y se cree que simboliza a Dushara, mientras que el de la derecha representa a Al-Uzza, los dos dioses más venerados en Petra.

Aproximadamente a los dos tercios del recorrido (suelo adoquinado y con aceras a los lados), una larga serie de nichos adornan la pared. Las inscripciones griegas indican los nombres de los donantes, por lo que son posteriores al reino nabateo, entre los siglos II y III. Esta sección del Siq se llama Sabinos Alexandrinos en honor al donante del primer nicho de la izquierda.

Justo después de este tramo, el Siq forma una curva en la que se inscriben los frag-mentos de una escultura monumental. Un caravanero y sus dos camellos se enfrentan a un grupo idéntico. Entre ambos fluye un pequeño arroyo, que se llenaba en caso de lluvia, lo que significaba la presencia de la divinidad para los nabateos. La parte inferior del fresco, así como el adoquinado y la canalización, fueron extraídos de una gruesa capa aluvial en 1997, lo que explica su buen estado de conservación.

■ **TUMBAS REALES**

▶ **Cómo llegar.** Las Tumbas Reales están situadas sobre el circo de Wadi Musa. Una escalera conduce a la zona después del teatro, a la derecha.

▶ **Visita.** En la ladera occidental del Jebel Al-Khubtha se encuentran las tumbas más bellas y majestuosas de la ciudad antigua. Por esta razón se les ha llamado Tumbas Reales. En la época nabatea, cuanto más alto era el rango de un personaje, más grande y más ornamentada era la tumba que ordenaba construir. Sin embargo, no existen pruebas arqueológicas ni inscripciones que relacionen una tumba con un rey en concreto. La recompensa por recorrer las ruinas de estas tumbas es, una vez más, las espléndidas vistas sobre el circo de Wadi Musa y los *djebels* (colinas) que lo rodean. Calcule 1,5 horas en ir y volver a la tumba de Sextius Florentinus. El Al-Khubtha Trail discurre junto a las tumbas antes de adentrarse en la montaña. Para obtener una buena foto panorámica, le recomendamos que la haga al final de la jornada.

▶ **Tumba de la Urna.** Esta tumba, con su impresionante fachada de 26 metros de altura, se distingue por sus carac-terísticas únicas. Es fácilmente reconocible por la urna (muy erosionada) que corona su frontón y las dos plantas de celdas abovedadas bajo su explanada. Se desconoce el uso de estas cámaras. El estudio de los ladrillos que componen la estructura sugiere que el edificio se construyó al mismo tiempo que se talló la fachada. La escalera que conduce a la tumba pasa por delante de dicha estructura y se abre a una gran plataforma delimitada por un pórtico. Solo se conservan las columnas de la izquierda, ya que las de la derecha fueron destruidas por un terremoto. Desde la explanada, la vista de la ciudad antigua y las colinas circundantes es espectacular. La fachada presenta elementos característicos del estilo nabateo, como las semicolumnas y las pilastras que parten el entablamento, una cornisa (muy degradada), un frontón triangular y una puerta con pilastras, un friso adornado con motivos de triglifos y metopas, y un frontón triangular. Más insólitos son el friso del ático, formado por bustos en relieve (quizá de deidades), o los tres *loculi* ubicados en altura. La ventana sobre la puerta fue añadida por los bizantinos, que transformaron la tumba en una iglesia. Esto permitió que entrara la luz. Justo encima del nicho central hay un bajorrelieve de un hombre recostado al que le falta la cabeza, probablemente el dignatario que mandó construir la tumba. El interior de la tumba contiene una gran sala de 19 x 17 metros, cuyo techo está decorado con volutas de arenisca con colores que van del blanco al rojo. Los tres nichos del muro posterior fueron transformados en ábsides por los bizantinos. Originalmente eran rectangulares. Aquí solo se han descubierto dos tumbas: una a la derecha y la segunda en el nicho de la derecha.

▶ **Tumba de la Seda.** Probablemente no sea la más impresionante de las tumbas Reales, ni la mejor conservada. La tumba de la Seda toma su nombre de la piedra erosionada que parece adornar la fachada con un efecto moaré. Es el segundo edificio después de la tumba de la Urna. Es más bien sencilla (quizá esté inacabada) y presenta los atributos de las tumbas de tipo Hegra. La fachada cuenta con semicolumnas y pilastras que sostienen un amplio entablamento. Sobre la cornisa, el frontón está esculpido con un friso de dos escaleras enfrentadas. La entrada, en cambio, no tiene ningún ornamento particular. Está coronada por un *loculus*. Si se fija bien, notará un pequeño bajorrelieve tallado en el talud a la izquierda del templo, a la altura de la escalera del frontón. Representa a una deidad de pie sobre un pedestal, posiblemente Dushara, el dios más venerado en Petra. Los artesanos lo habrían tallado durante los trabajos de la tumba para asegurarse la protección divina.

▶ **Tumba Corintia.** Esta tumba, situada a la derecha de la inconfundible tumba del Palacio, fue construida entre los años 40 y 70. Es evidente que se inspira en Al Khazneh.
La tumba fue llamada así por León de Laborde debido a los capiteles corintios que adornan las semicolumnas y pilastras de la fachada. Desgraciadamente, la amplia fachada de 27 metros se ha deteriorado mucho a causa de la erosión y del terremoto del año 363. Fue *cortada* en tres secciones. La parte inferior tiene ocho semicolumnas, de las cuales las dos que enmarcan la puerta principal estaban coronadas por un frontón circular.

La parte central, muy dañada, estaba decorada con ocho minipilastras esculpidas en línea con las semicolumnas y un frontón triangular partido. Sin duda, la parte superior rendía homenaje al Tesoro, con su *tholos* (templo circular) central enmarcado por dos nichos sostenidos por columnas con capiteles. Estos dos templos sirvieron de base para el frontón partido. Falta la urna en la parte superior del *tholos*. Pero lo más sorprendente aquí es la asimetría de la fachada. A la izquierda de la entrada principal (el gran agujero), se abrieron tres entradas entre las columnas. Las dos pequeñas del lado izquierdo del edificio estaban decoradas con un frontón, uno circular y otro triangular. En el lado derecho, sin embargo, el hueco entre las semicolumnas está perforado por ventanas de diferentes tamaños. A los pies de la tumba se pueden ver cuatro pilas talladas en la roca, que probablemente se utilizaban para hacer abluciones.

▶ **Tumba del Palacio.** Esta tumba impresiona por sus extraordinarias dimensiones y por la profusión de detalles de su arquitectura, que siguen siendo perceptibles a pesar de los estragos del clima y de las condiciones geológicas. Con 49 metros de ancho y 46 de alto, es uno de los monumentos más imponentes de Petra. La fachada está cortada horizontalmente en tres segmentos, cuya parte más alta no está tallada en la roca, sino que está hecha de ladrillos que descansan sobre salas abovedadas y vigas de madera. La tumba tenía otros dos segmentos que se derrumbaron en sucesivos terremotos. Lo que queda de la fachada son un conjunto de semicolumnas, pilastras, frontones, entablamentos y cornisas que

forman un todo armonioso e impresionante. La tumba del Palacio toma su nombre de su espléndida fachada, pero también porque los arqueólogos suponen que a sus pies se construyó la residencia real de Petra. La pequeña colina situada en la confluencia de Wadi Musa y el Wadi al-Mataha ha revelado la presencia de cimientos, trabajos de acondicionamiento de tierras y numerosos desagües. La tumba del Palacio estaría unida directamente a los aposentos reales, como ocurría en las ciudades reales del Imperio griego en la antigüedad.

El segmento inferior de la tumba cuenta con doce semicolumnas. Las cuatro más altas sostienen el entablamento superior, mientras que las otras ocho enmarcan las puertas coronadas por entablamentos y frontones decorados. Los frontones de las puertas exteriores son circulares, mientras que los de las puertas centrales son triangulares. Cada una de las puertas estaba precedida por un tramo de escalera, lo que añadía majestuosidad al edificio. Las puertas dan acceso cada una a una cámara funeraria. Las dos del centro están unidas por un estrecho pasillo. El segundo segmento cuenta con dieciocho semicolumnas con capiteles jónicos. Observará que el espacio entre las columnas no es idéntico, y que se ha dejado un espacio más amplio entre las columnas en el centro de la fachada. Se han insertado seis nichos entre algunas de las columnas sin respetar la simetría. Probablemente estaban destinados a albergar placas conmemorativas. La abertura más a la izquierda es en realidad un pasadizo que permitía el acceso al acantilado por encima de la tumba y que estaba equipado también con un ingenioso sistema de drenaje para el agua de lluvia. El tercer segmento también tenía dieciocho pilastras cortas, alineadas con las del segmento inferior. Se pueden ver los ladrillos de mampostería que estructuran el segmento y los superiores, que soportan los bloques de arenisca cortados de la fachada. Los segmentos cuarto y quinto solo son visibles en el lado derecho del edificio. El cuarto entablamento, al igual que el tercero, no era muy alto y estaba adornado con pilastras cortas. El quinto segmento se construyó al revés. Si se sitúa en el lado izquierdo del edificio, podrá ver dicho efecto en la fachada. El ingenio arquitectónico se revela en la mitad del segundo entablamento (el de las columnas de capitel jónico). Se ven claramente el soporte abovedado y los ladrillos que se utilizaron para construir los pisos superiores.

▶ **Tumba de Sextius Florentinus.** Para llegar, continúe andando 250 metros después de la tumba del Palacio, siguiendo por el camino de Al Khubtha, que discurre junto a la pared rocosa y asciende luego por el Wadi al-Mataha. Pocos turistas llegan hasta aquí, de forma que la tumba de Sextius Florentinus parece bastante aislada, ubicada en esta zona montañosa y salvaje. Su fachada, relativamente degradada, se aprecia mejor a la luz del día. Esta tumba es la única que se puede datar con certeza y es también la última que se construyó en Petra. Una inscripción en latín indica que fue construida para Titus Aninius Sextius Florentinus por su hijo Lucio. Sextius Florentinus fue el legado romano de la provincia de Arabia Pétrea. Fue nombrado en el año 127, y aunque la fecha de su muerte no aparece en ningún texto, el nombre de su sucesor se menciona ya en el año 130.

La tumba data, por tanto, del año 129 o 130. Su ubicación descentrada se explica por el hecho de que los romanos habían prohibido los enterramientos en Petra. En consecuencia, la discreción era casi obligatoria.

La fachada, aunque muy erosionada, está fuertemente inspirada en el estilo nabateo, pero incluye muchos elementos arquitectónicos característicos de la antigua Roma. La tumba descansa sobre un podio interrumpido por la entrada, cuya abertura desciende hasta la meseta rocosa. El entablamento inferior está salpicado de semicolumnas y pilastras con capiteles de estilo nabateo. La puerta de entrada está coronada por un frontón triangular, rematado a su vez por una corta pilastra. Las columnas y pilastras sostienen un ático. El entablamento superior es más complejo que los de las tumbas nabateas. La cornisa se abre en un frontón circular con tímpano, mientras que el entablamento cuenta con cuatro pilastras con capiteles nabateos dispuestas verticalmente. El frontón circular está rematado por un águila con las alas extendidas similar a la que se encuentra en el bajorrelieve del templo nabateo de Khirbet et-Tannur, hoy expuesto en el Museo de Jordania en Amán. El tímpano muestra una mujer rodeada de vides, que podría ser una copia del que adorna el Tesoro. El tercer entablamento sostiene el frontón triangular del edificio, cuyo tímpano está muy dañado y no se puede descifrar. Estaba coronado por una urna similar a la de la tumba de la Urna. En el interior, se acondicionaron cinco *loculi* contra la pared trasera y tres cámaras funerarias en la parte derecha de la tumba.

WADI RUM Y ÁQABA

El Wadi Rum forma parte de las visitas obligadas de cualquier estancia en Jordania. Este desierto, que se extiende hasta el infinito y se hizo famoso por las hazañas de T. E. Lawrence (y por su libro Los siete pilares de la sabiduría), tiene algo de mágico. La luz del sol reflejada sobre la roca y la arena va variando de color: amarillo, naranja, rojo, ocre…

No se equivoque, el Wadi Rum no es un desierto de tipo sahariano, con incontables dunas de arena. Se sitúa a lo largo de una falla tectónica que levantó el suelo hace miles de años, conformando unos macizos rocosos impresionantes. Los djebels («montañas»), algunos de los cuales superan fácilmente los 1500 m de altitud, se levantan sobre este valle de 2 kilómetros de ancho y 130 kilómetros de longitud. La erosión ha hecho el resto del trabajo, esculpiendo formas a menudo sorprendentes en estas rocas monolíticas. En este lugar casi prístino, en el que solo se ve alguna que otra tienda beduina dispersa, vivirá una experiencia totalmente atemporal.

El desierto de Wadi Rum no se limita a la reserva protegida, se extiende mucho más allá de esta delimitación trazada alrededor del pueblo de Rum. La reserva alberga las más bellas montañas de este pequeño desierto, así como inscripciones y templos nabateos. Los pueblos de Rum y Disah fueron fundados por dos familias de una tribu beduina que se separaron. Disah queda fuera de la reserva, y por eso es menos visitado por los turistas. Pero eso es un gran error, porque los beduinos que viven en esta localidad son muy tranquilos, así que no se sentirá asediado a cada paso, sobre todo las mujeres. Y en el extremo sur del país, la ciudad costera de Áqaba, con su suave clima en invierno, constituye una parada agradable para los amantes de la ociosidad o del submarinismo.

DISAH

Más cerca de la carretera y fuera de la reserva protegida, el pueblo de Disah es una interesante alternativa al pueblo de Rum. La región tiene paisajes casi tan hermosos como los del Wadi Rum y tiene la ventaja de ser menos visitado. El asedio de los beduinos es mucho más llevadero en este pueblo.

Sin embargo, algunos operadores turísticos más económicos y las casas de huéspedes de Petra que organizan excursiones traen a sus clientes hasta aquí para no pagar el derecho de entrada en la zona protegida. Los campamentos alrededor del pueblo son bastante agradables, donde podrá alojarse en compañía de un centenar de turistas. Pero si lo que quiere es visitar la zona protegida, asegúrese de que realmente le llevan hasta allí (tendrá que pagar 5 DJ para entrar).

RUM

El pequeño pueblo de Rum está dominado por el monte Um Ishrin (1753 m), una de las montañas más altas del país. Está construido cerca de una fuente que abastece de agua a la comunidad.

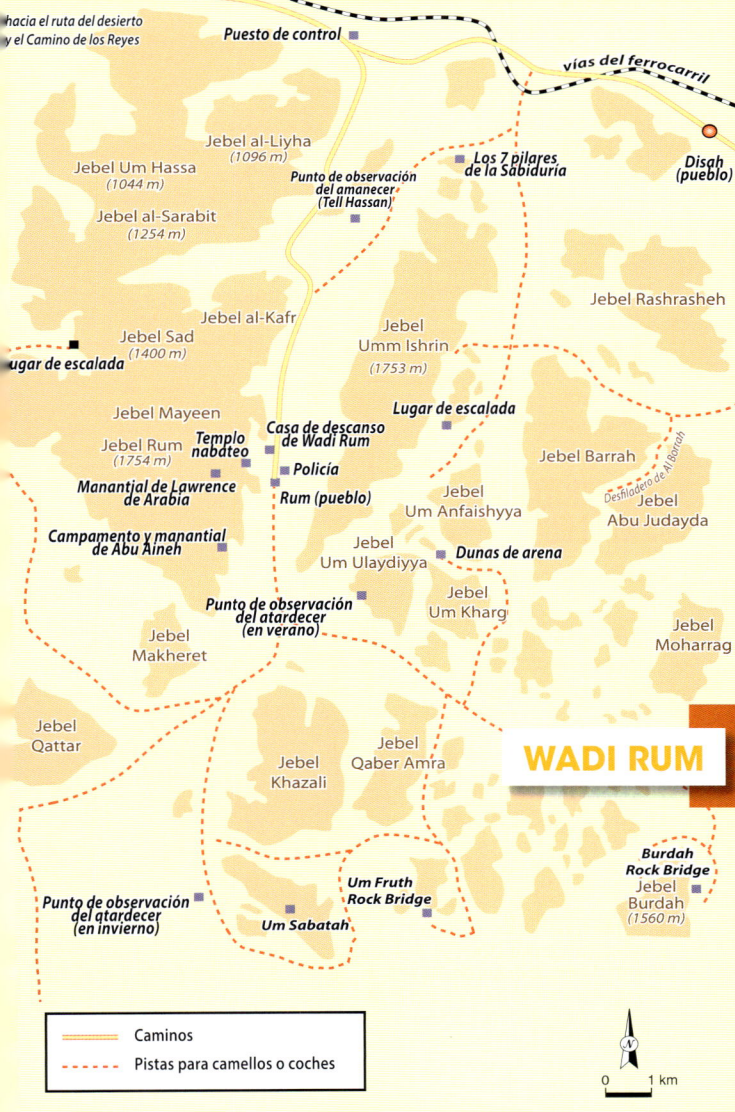

hacia la ruta del desierto
y el Camino de los Reyes

Puesto de control

vías del ferrocarril

Jebel al-Liyha
(1096 m)

**Los 7 pilares
de la Sabiduría**

**Disah
(pueblo)**

Jebel Um Hassa
(1044 m)

**Punto de observación
del amanecer
(Tell Hassan)**

Jebel al-Sarabit
(1254 m)

Jebel Rashrasheh

Jebel al-Kafr

Jebel
Umm Ishrin
(1753 m)

Jebel Sad
(1400 m)

...ugar de escalada

Lugar de escalada

Jebel Mayeen

**Casa de descanso
de Wadi Rum**

Jebel Barrah

**Templo
nabateo**

Jebel Rum
(1754 m)

● Policía

**Manantial de Lawrence
de Arabia**

Rum (pueblo)

Jebel
Um Anfaishyya

Jebel
Abu Judayda

**Campamento y manantial
de Abu Aineh**

Jebel
Um Ulaydiyya

● Dunas de arena

Jebel
Um Kharg

**Punto de observación
del atardecer
(en verano)**

Jebel
Makheret

Jebel
Moharrag

Jebel
Qattar

Jebel
Qaber Amra

WADI RUM

Jebel
Khazali

**Burdah
Rock Bridge**
Jebel
Burdah
(1560 m)

**Punto de observación
del atardecer
(en invierno)**

**Um Fruth
Rock Bridge**

Um Sabatah

Deshiladero de Al Barrah

Caminos

Pistas para camellos o coches

0   1 km

Se trata de un pequeño pueblo con casas de sillar, que comprende una escuela, algunas pequeñas tiendas de comestibles, una *rest house,* una oficina de correos y el cuartel general del Desert Corps Patrol, la compañía de caballería de camellos (o camellería) del desierto. No hay banco, ni tampoco cajero automático. Aquí podrá abastecerse de agua y quizá comprar algo para hacer un pícnic. También cuenta con un dispensario médico para emergencias como las mordidas de escorpiones o serpientes. Detrás del pueblo se encuentran las ruinas de un templo nabateo. Y también dispone de algunos restaurantes y casas de huéspedes.

ÁREA PROTEGIDA DE WADI RUM ★★★★

■ BURDAH ROCK BRIDGE
A más de una hora en coche de Rum, se puede ver un arco natural tallado en la roca en la ladera de una montaña. El puente de roca de Burdah, que se hizo mundialmente famoso por un anuncio de una marca de cigarrillos, se ha convertido en uno de los lugares favoritos de los escaladores. El arco se eleva ochenta metros sobre el suelo y, con la ayuda de un guía, se puede alcanzar sin ninguna habilidad especial para escalar. Algunos escaladores experimentados continúan hasta la cima de la montaña, a más de 1500 metros de altura.

■ DUNAS DE ARENA
En el valle paralelo al del pueblo de Rum es donde la arena es más roja. Se encuentra en el corazón del Área Protegida de Wadi Rum, y su excepcional belleza adquiere aquí todo su significado. Una hermosa y alta duna se va desplazando por el uadi al albur del viento hasta acabar acurrucada al pie de las montañas, lo que entusiasma a muchos visitantes. Aparte del cautivador color de la arena, se divertirá como un niño rodando duna abajo o surfeándola sobre una *sandboard*. Es decir, el sitio es muy popular.

■ INSCRIPCIONES DE ALAMELEH
Las montañas del Wadi Rum han sido testigos del trasiego mundano que siempre ha tenido lugar en las profundidades de sus valles. Se han catalogado más de 20 000 petroglifos en este desierto. Uadi Rum siempre ha sido un lugar de paso en las rutas de las caravanas que venían de la península arábiga. Las inscripciones de Alameleh muestran grupos de camellos que se dirigen al norte y escenas de caza, que reflejan el estilo de vida de la época, así

© VISIT JORDAN

Descanso bien merecido para los excursionistas del Wadi Rum.

como grafitis en nabateo y zamúdico, la lengua de un pueblo de Arabia oriental y central. Se remontan al menos al siglo I a. C.

■ **INSCRIPCIONES DE ANFASHIEH**
Las cuevas naturales situadas en la base de esta montaña ofrecían un lugar protegido a las caravanas para pernoctar. El perímetro de una de estas pequeñas cuevas fue sido decorado con grafitis tallados en la superficie de la roca. Representan dromedarios, caravanas, escenas de caza y de la vida pastoral. Estas inscripciones fueron realizadas por los zamudíes, una antigua tribu árabe que compartía su territorio con los nabateos. En particular, se sabe que se instalaron durante mucho tiempo en Hegra, una de las ciudades nabateas más importantes del norte de Arabia Saudí.

■ **CAÑÓN DEL KHAZALI**
La cara norte del Jebel Khazali está desgarrada por un profundo corte que desciende hasta a centenar de metros. Numerosas inscripciones y petroglifos adornan las paredes de este estrecho cañón, realizados por nabateos, zamudíes y árabes. Los grafitis más notables son los que representan plantas de pies y humanos con manos desproporcionadas. Al final del cañón, se tallaron piletas en la piedra para recoger el agua de lluvia. Estas inscripciones fueron estudiadas por el famoso grafista francés Savignac en 1932.

■ **CASA DE LAWRENCE DE ARABIA (AL-QASAIR)**
Se dice que, en 1917, Lawrence de Arabia se alojó en esta casa que ahora tiene uno de sus muros de piedra derrumbado. Se cree que había sido erigida frente a una cavidad natural y que posiblemente marcaría el emplazamiento

© JPRICHARD _ SHUTTERSTOCK.COM

VISITA

Área Protegida de Wadi Rum.

de un antiguo caravasar nabateo. Se hallaron inscripciones en algunas de las piedras. Al subir por el desfiladero hacia la izquierda, podrá disfrutar de hermosas vistas del desierto y de las montañas de abajo. También puede subir directo y desembocar sobre el cañón de Umm Rashid.

■ **LOS SIETE PILARES DE LA SABIDURÍA**
Esta enorme montaña marca la entrada al Área Protegida de Wadi Rum. Se encuentra justo enfrente del Centro de Visitantes. Siete pilares parecen sobresalir de la roca. Su nombre es un homenaje al libro de T. E. Lawrence, *Los siete pilares de la sabiduría,* que narra la historia autobiográfica de su participación en las fuerzas beduinas durante la Gran Revuelta Árabe de 1916. La montaña también muestra los dos grandes períodos geológicos que dieron forma a Wadi Rum.

■ MANANTIAL DE LAWRENCE (AIN SHALAALEH)

La visita a este manantial suele ser la primera parada cuando sale desde el pueblo de Rum. Situado en la montaña, a 2 kilómetros al sur, tendrá que subir por un pequeño sendero durante unos 20 minutos hasta llegar al lugar. Ya avisamos que en realidad no es demasiado impresionante. Sin embargo, las vistas del desierto desde este punto son absolutamente mágicas. No encontrará una introducción mejor a la impresionante belleza que le espera.

■ TEMPLO NABATEO

500 metros detrás de la Casa de Reposo.

Los restos de este templo pertenecían a un complejo mayor, que incluía un palacio y unas termas. Fue construido por los nabateos, que se sabe que ocuparon esta parte del desierto en el siglo I a. C. Las inscripciones indican que el templo estaba dedicado a la diosa Al-lat, el equivalente a Atenea de la mitología griega. Sin embargo, las inscripciones en zamúdico sugieren que este templo se construyó sobre un santuario anterior. El edificio constaba de un podio rectangular, con 16 columnas coronadas con capiteles nabateos. El nicho principal se colocó en el centro del podio, a 60 centímetros del suelo. El templo fue construido probablemente durante el reinado del poderoso Aretas IV (9 a. C.-40 d. C.). Se amplió durante el reinado de Rabel II, el último rey nabateo. Para ello elevaron los muros entre las columnas y añadieron ocho salas. En la parte posterior del templo se levantó otro conjunto de veinte salas, probablemente para albergar a los sacerdotes o para funciones administrativas. Las primeras ruinas que se ven al entrar

en el recinto son los restos de un palacio y unas termas romanas que datan de finales del siglo I. El edificio constaba de 28 salas ricamente decoradas con molduras de yeso. Los arqueólogos creen que fue la residencia de una importante figura religiosa. Los baños incorporaban las últimas técnicas en uso en la época, es decir, un *frigidarium,* un *tepidarium* y un *caldarium,* que recibía el calor de un horno situado bajo la sala.

■ UMM FRUTH ROCK BRIDGE

Este arco de piedra natural suele estar incluido en las clásicas excursiones en todoterreno que parten desde el pueblo de Rum o desde el Centro de Visitantes. Es uno de los *monumentos* más fotografiados del Wadi Rum. Un dintel de piedra une dos enormes bloques de roca a quince metros del suelo. El conjunto es tan perfecto que parece haber sido modelado por la mano del hombre. Se tarda entre 10 y 15 minutos en llegar a la cima, dependiendo de su agilidad. Pero no se preocupe, la parte que se escala no es especialmente difícil.

ÁQABA

A unos cien kilómetros al sur de Petra se encuentra la tercera ciudad más grande del reino: Áqaba. Única puerta marítima del país hacia el golfo que lleva su nombre y bañada por las aguas del mar Rojo, el único puerto de Jordania es, obviamente, un lugar de gran importancia económica. Incluso se ha establecido allí una zona económica especial libre de impuestos. La ciudad atrae cada vez a más turistas gracias a su clima templado: incluso cuando nieva en el norte del país, aquí la temperatura rara vez baja de 20 °C, y se puede nadar todo el año. Los veranos son tórridos, pero la brisa marina hace que el calor sea soportable. Las maravillas del fondo marino son el principal atractivo de la ciudad, que atrae a submarinistas de todo el mundo. Cada vez más, Áqaba emula a su vecina israelí Eilat, al otro lado de la frontera, que siempre ha vivido del turismo: hoteles de lujo de reciente construcción, modernos clubes de buceo, restaurantes y playas a lo largo de la costa. Sin embargo, el ambiente aquí es muy diferente al de Eilat: Áqaba es una ciudad bastante conservadora.

■ ANTIGUA CIUDAD DE AYLA

King Hussein Street – Frente al hotel Aqaba Gulf, en la cornisa.

Afortunadamente, hay dos señales que indican la ubicación de lo que queda de las ruinas de Ayla, la antigua ciudad de Áqaba. Las excavaciones realizadas en 1989 descubrieron los restos de las murallas que rodeaban la ciudad, una mezquita del siglo VII, columnas y pequeñas torres defensivas. La ciudad estaba protegida por muros de fortificación de 2,60 metros de grosor, que formaban un recinto de unos 80 metros de longitud. Las murallas estaban jalonadas por veinticuatro torres defensivas, cuyas bases aún pueden verse. Dos calles atravesaban la localidad y se cruzaban en el centro, formando así cuatro barrios que seguían la organización arquitectónica islámica. Cada una de estas secciones tenía una puerta que la conectaba con el mundo exterior: la puerta norte era la ruta hacia Egipto; la puerta este conectaba con la ruta hacia Damasco; la puerta sur daba a la ruta hacia el Hiyaz y la península arábiga; y por la puerta oeste se salía hacia el mar, un eje de comunicación crucial. Por desgracia, poco queda de estas puertas. Los omeyas construyeron una mezquita en el siglo VII. Sus restos se pueden ver al entrar en el yacimiento, a la derecha. El santuario constaba de dos pasillos paralelos que conducían al mihrab, el nicho central ubicado en la pared trasera que indicaba la orientación hacia La Meca. El mercado estaba situado lo más cerca posible del mar, al suroeste (al final de la carretera principal, a la derecha). Los carteles explicativos en inglés y árabe proporcionan información. Una visita interesante, sin ser imprescindible.

Playa de Áqaba.

■ CASTILLO DE ÁQABA ⭐

Al-Ashraf Qansuh al-Ghawri, uno de los últimos sultanes mamelucos, mandó construir este fuerte en el siglo XVI, que se erigió sobre los cimientos de una antigua fortaleza cruzada. Originalmente, tenía una torre poligonal en cada esquina, antes de que se rediseñaran para que fueran más redondeadas. La entrada al fuerte crea una impresión de simetría, aunque la puerta no esté perfectamente centrada y una de las dos torres sea más ancha que la otra. El edificio servía de lugar de descanso a los peregrinos que se dirigían a La Meca. Durante el declive de la ciudad, la fortaleza conservó su tradición de hospitalidad, convirtiéndose en un caravasar. Después, los otomanos volvieron a interesarse por ella y la restauraron, y la fortaleza volvió a convertirse en lugar de alojamiento para peregrinos. Durante la Gran Revuelta Árabe, el fuerte fue el centro de una batalla militar. Los británicos lo bombardearon en 1917 y lograron apoderarse de la plaza y arrebatar la ciudad a los otomanos. La fortaleza de Áqaba, también conocida como castillo mameluco, es hoy uno de los pocos vestigios que quedan del casco antiguo. La puerta blindada que marca la entrada sigue coronada por el escudo de armas de la dinastía hachemita, colocado durante la Primera Guerra Mundial por el rey Faisal después de que Lawrence de Arabia arrebatara el control de la ciudad a los otomanos. Las torres semicirculares también presentan inscripciones a la gloria de Alá.

■ MEZQUITA DEL SHARIF HUSSEIN BIN ALI

Al Malik Husayn
Gire a la izquierda en la vía hacia South Beach, justo después de la rotonda del McDonald's.
Situada en el centro de la ciudad, frente al mar, la mezquita del jerife de La Meca Husáin ibn Ali respeta todos los cánones de la arquitectura islámica. Merece la pena visitar este monumento blanco, aunque solo sea para sentir ese apaciguado fervor que habita entre sus muros. Es posible visitar la mezquita fuera de las horas de oración, siempre que se lleve la ropa adecuada: los hombres no pueden llevar pantalones cortos y las mujeres deben usar ropa holgada y llevar la cabeza cubierta. El viernes está cerrada a los turistas.

ESCAPADA A EGIPTO

ISLA DEL FARAÓN

Egipto no está lejos de Áqaba. Si decide ir allí unos días, tendrá que tomar un ferry. Por otro lado, si no dispone de visado o de tiempo, siempre puede emprender una excursión de un día a la isla del Faraón, donde se alza un castillo defensivo construido por los cruzados, rodeado de un arrecife de coral que se puede admirar practicando esnórquel (le proporcionan el equipo durante la excursión).

Situada a quince kilómetros al sur de Áqaba, frente a la costa del Sinaí, la isla del Faraón se encuentra en territorio egipcio, por lo que deberá llevar su pasaporte al hacer la reserva (el visado está incluido en la reserva).

▶ **Tenga en cuenta** que estas excursiones no se realizan todos los días, así que asegúrese antes de llegar a Áqaba.

INFO PRÁCTICA

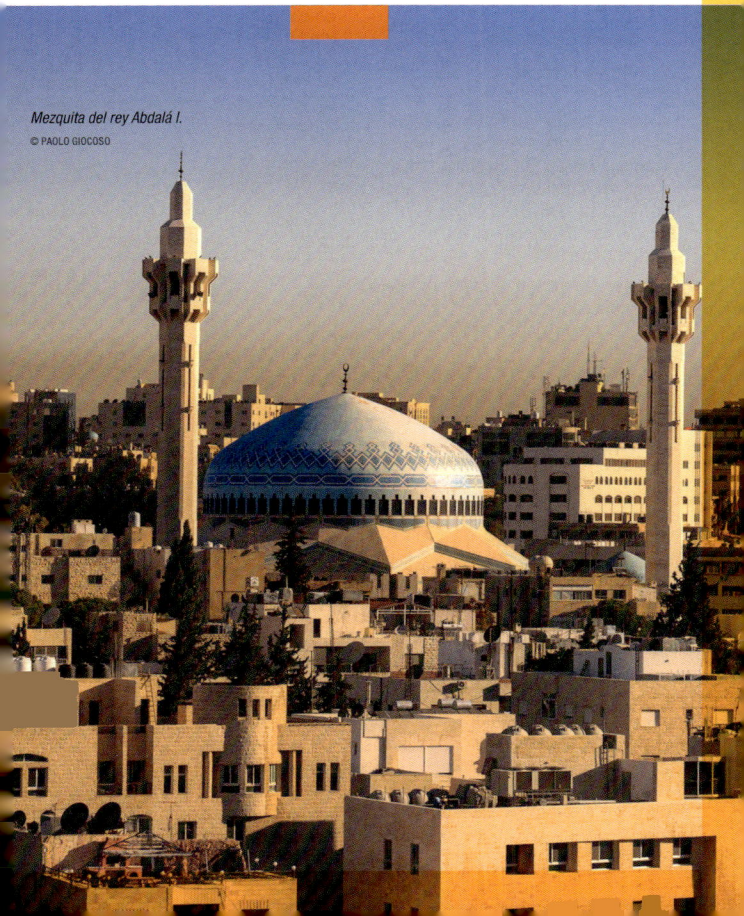

Mezquita del rey Abdalá I.
© PAOLO GIOCOSO

INFO PRÁCTICA

Dinero

▸ **Moneda.** Dinar jordano (JOD o JD).

▸ **Tipo de cambio:** 1 € = 0,74 JD, o 1 JD = 1,36 € (enero de 2025).

▸ **Coste de la vida.** Jordania es un destino turístico accesible a todos los bolsillos, desde los mochileros que se alojan en albergues juveniles y comen en baretos, hasta los adinerados que encadenan hoteles de cinco estrellas y sus restaurantes.

▸ **Formas de pago.** Encontrará cajeros automáticos por todas partes, aunque muchos no funcionen; sacar dinero no es difícil.
Por ello, desaconsejamos el uso de euros, que habrá que cambiar por una comisión, mientras que los reintegros son baratos y los pagos con tarjeta casi gratuitos.

▸ **Regatear.** Como en otros países de Oriente Próximo, la mayoría de los precios son negociables.

▸ **Propinas.** La propina, conocida como *baksheesh,* es una institución en Oriente. Sin embargo, en Jordania rara vez le insistirán por ella como en otros países de la región.
La propina sigue siendo una forma de mostrar generosidad, y es agradecida por taxistas, guías turísticos, etc.

Equipaje

Le recomendamos que lleve ropa resistente al calor, pero también un forro polar cálido y vaqueros, tanto en verano como en invierno, si va a hacer senderismo en la reserva de Dana, con viento y fría por la noche, o en el desierto de Wadi Rum, donde, como en todos los desiertos, la temperatura entre el día y la noche varía mucho.

Electricidad

La corriente alterna es de 220-230 voltios. Asegúrese de llevar un adaptador por si los enchufes no son los convencionales (depende del hotel).

Formalidades

Necesitará un pasaporte válido para más de seis meses en el momento de entrada.
Se puede adquirir un visado de entrada única (40 JOD) en el aeropuerto a la llegada o un visado electrónico de entrada múltiple en la página web del Ministerio del Interior de Jordania (*https://moi.gov.jo/EN/Pages/Visa_E_ Applications).*

▸ **Desde 2015,** con el fin de impulsar el turismo, aletargado desde el inicio de la guerra en Siria e Irak, los turistas que compren un Jordan Pass se benefician también de un visado de entrada gratuito y de la entrada libre a 43 lugares turísticos jordanos. La única condición es una estancia mínima de tres noches en el país. El Jordan Pass cuesta a partir de 70 JOD y puede adquirirse en *www. jordanpass.jo.*

QUÉ HACER / QUÉ NO HACER

Qué hacer

▶ **Aprender algunas palabras en árabe.** Los jordanos siempre se sienten halagados cuando un occidental se interesa por su lengua. Si conoce algunas palabras (aunque solo sean «hola» y «gracias»), no dude en utilizarlas, ya que pueden ser útiles para entablar conversación.

▶ **Los jordanos son muy tolerantes con las costumbres extranjeras,** pero si quiere agradar a los lugareños, utilice en todo momento las expresiones de cortesía que conozca.

▶ **Pedir siempre permiso** antes de entrar en una mezquita. Aunque es de esperar que se lo denieguen: las mezquitas no suelen estar abiertas a los no musulmanes.

▶ **Quitarse los zapatos cuando visite una mezquita** o antes de entrar en una casa.

▶ **La vestimenta es muy importante en Jordania.** Se espera que vista adecuadamente, con ropa sencilla, limpia y decente.

▶ **Preguntar siempre** antes de sacarle una foto a alguien.

Qué no hacer

▶ **Llevar ropa corta, ajustada o con transparencias.** Es preferible cubrirse los hombros y no llevar faldas o pantalones cortos por encima de la rodilla. A pesar de su condición de ciudad costera, Aqaba es bastante conservadora: no es cuestión de ir en bikini por la calle (ni siquiera en la playa).

▶ **Hablar con un desconocido varón si es mujer.** Los hombres ajenos al círculo familiar no se dirigirán directamente a una mujer.

▶ **Mostrar afecto en la calle.** Las parejas deben evitar cualquier muestra de afecto (cogerse de la mano o del hombro, besarse...) en público.

▶ **Comer o saludar con la mano izquierda.** Nunca debe usar la mano impura para ello, ya que está reservada a la higiene íntima.

▶ **Rechazar otra ración de comida para parecer educado.** Acepte si le ofrecen repetir; cuanto más honre los platos, más contenta estará la anfitriona.

▶ **Hablar de política.** Evite las conversaciones políticas sobre Oriente Próximo (especialmente Israel y los territorios palestinos), que pueden degenerar rápidamente. En cualquier caso, mejor no adoptar posturas demasiado tajantes.

▶ **Comer durante el Ramadán.** Evite comer, beber o fumar en público durante las horas prohibidas.

▶ **Fotografiar lugares estratégicos.** No tome fotos de aeropuertos, puertos militares, comisarías de policía o pasos fronterizos.

PARA LAS MUJERES

Lleve ropa ligera y holgada para el día, pero que le cubra bien. Cuando esté en lugares turísticos como Petra o Gerasa, permítase llevar pantalones cortos o un vestido, ¡hace mucho calor! En la ciudad, en cambio, evite mostrar las piernas y el escote.

Idiomas

La lengua hablada es el árabe. Es muy diferente del que se habla en el Magreb y se asemeja al árabe de Palestina y el Líbano. La mayoría de los profesionales del turismo hablan inglés.

Cuándo ir

▶ **Temporada alta:** primavera y otoño.

▶ **Temporada baja:** invierno.

Salud

No hay enfermedades notables de las que informar en Jordania, ni tampoco mosquitos. El único problema puede ser el calor. No beba agua del grifo; compre agua embotellada para estar seguro.

Seguridad

▶ **Viajeros con discapacidad.** Jordania es bastante accesible, pues su estructura hotelera y los grandes complejos turísticos ofrecen habitaciones adaptadas y de fácil acceso.

▶ **Viajeros LGTBI.** La homosexualidad es completamente tabú aquí, así que no debe mostrarse en público.

▶ **Viajar con niños.** No hay problema en viajar con los pequeños de la casa. La comida es muy sana y a los jordanos les encantan los niños, ¡así que serán muy populares allá donde vayan!

▶ **Mujeres solas.** A diferencia de algunos países vecinos, en Jordania una mujer puede viajar sola sin ningún tipo de acoso ni peligro. Puede que le miren mucho y que todos los hombres se le acerquen, pero se mantendrán respetuosos.

Teléfono

▶ **Prefijo:** 962.

▶ **Para llamar a Jordania desde España:** 00 + 962 + prefijo telefónico sin ceros a la izquierda + las 7 cifras del número local.

▶ **Llamadas locales:** prefijo con cero + las 7 cifras del número local.

▶ **Para llamar de Jordania a España:** 00 + 34 + prefijo sin cero + las 9 cifras del número local.

© VISIT JORDAN

Taller artesano.

ÍNDICE DE CONTENIDOS

INFO PRÁCTICA

© TAXIPHOTO/FOTOLIA.com

Ninfeo. Ciudad Antigua de Petra.

EDICIÓN

Coordinación de la colección:
ALHENAMEDIA, Stéphan SZEREMETA, Dominique AUZIAS y Jean-Paul LABOURDETTE
Autores: Baptiste THARREAU, Antoine RICHARD, Joanna DUNIS, Martin FOUQUET, Camille GRIFFOULIERES, Jean-Paul LABOURDETTE, Dominique AUZIAS y otros
Director editorial: Francisco BARGIELA
Editora: Elena CODINA
Traducción y corrección: Antonio FERNÁNDEZ

DISEÑO Y DIAGRAMACIÓN

Maquetación y montaje: María de los Llanos ZOTES, Romain AUDREN, Julie BORDES, Delphine PAGANO
Iconografía y cartografía: Anne DIOT, Julien DOUCET

AUTORES Y CREADORES DE LA COLECCIÓN

Dominique AUZIAS y JEAN-PAUL LABOURDETTE
© Textos: Dominique AUZIAS y JEAN-PAUL LABOURDETTE
© Mapas: Petit Futé
© Edición en español: Alhena Fábrica de Contenidos y Petit Futé
© Traducción: Alhena Fábrica de Contenidos y Petit Futé

Editado por **Alhenamedia** conjuntamente con **Les Nouvelles Editions de l'Université,** 18, rue des Volontaires, París, Francia.

Publicado originalmente en Francés por Les Nouvelles Editions de l'Université bajo el título *Jordanie.*

■ CARNET DE VIAJE JORDANIA ■

ALHENAMEDIA
C/ Rabassa, 54, local 1. 08024 Barcelona
Tel. +34 934 518 437
alhenamedia@alhenamedia.info
www.alhenamedia.info
Cubierta: *Ciudad Antigua de Petra.*
© *Cinoby - stock.adobe.com*
ISBN : 978-84-18086-64-9
Depósito legal: B-5184-2025
Impreso en España por
Gráficas Lidergraf

EU Ecolabel
www.ecolabel.eu

EU Ecolabel:
PT/053/001

RECICLA Y RECICLE EL PAPEL USADO